Stefan Aust, Claus Richter, Gabor Steingart
Der Fall Deutschland

SERIE PIPER

Zu diesem Buch

Gabor Steingarts Bestseller »Deutschland. Der Abstieg eines Superstars« hat eine leidenschaftliche Diskussion um die deutsche Dauerkrise und ihre Ursachen entfacht. Angeregt durch diese Analyse entstand die große ZDF-Dokumentation »Der Fall Deutschland«, die mit dem Deutschen Fernsehpreis ausgezeichnet wurde. Die Autoren des Films, Stefan Aust und Claus Richter, gehen den drängendsten Fragen nach: Wann begann die deutsche Krise? Was waren die Wendepunkte? Ist eine Trendumkehr möglich? Dieses Buch enthält ihre Interviews mit den wichtigsten Fachleuten aus Politik und Wirtschaft – eine Spurensuche, die zeigt, wie Deutschland in diese Schräglage gekommen ist. Politiker wie Helmut Schmidt und Otto Graf Lambsdorff nehmen Stellung, wirtschaftlich Verantwortliche wie Hilmar Kopper und Heinz Dürr verbinden ihre Erfahrungen mit einer schonungslosen Analyse der aktuellen Lage, Klaus von Dohnanyi und Richard von Weizsäcker sind ebenso vertreten wie Franz Steinkühler, Edzard Reuter, Karl Otto Pöhl oder Bert Rürup.

Stefan Aust, geboren 1946, ist Chefredakteur des Nachrichten-Magazins Der Spiegel und Geschäftsführer der Spiegel TV GmbH.
Claus Richter, geboren 1948, schloss sein Studium der Politik, Volkswirtschaft und Germanistik mit der Promotion ab. Nach vielen Jahren als Monitor-Redakteur und Fernsehkorrespondent ist er seit 2001 Redaktionsleiter des zeitkritischen ZDF-Magazins Frontal 21.
Gabor Steingart, geboren 1962, studierte Volkswirtschaft und Politik und absolvierte die Georg von Holtzbrinck-Schule für Wirtschaftsjournalisten. Seit 1990 arbeitet er beim Spiegel und übernahm 2001 die Leitung des Spiegel-Hauptstadtbüros in Berlin. Zuletzt erschien von ihm »Weltkrieg um Wohlstand«.
Matthias Ziemann, geboren 1959, ist geschäftsführender Redakteur bei Spiegel TV.

Stefan Aust, Claus Richter,
Gabor Steingart

Unter Mitarbeit von Matthias Ziemann

Der Fall Deutschland

Abstieg eines Superstars

Mit elf Abbildungen

Piper München Zürich

FSC

Dieses Taschenbuch wurde auf FSC-zertifiziertem Papier gedruckt. FSC (Forest Stewardship Council) ist eine nichtstaatliche, gemeinnützige Organisation, die sich für eine ökologische und sozialverantwortliche Nutzung der Wälder unserer Erde einsetzt (vgl. Logo auf der Umschlagrückseite).

Ungekürzte Taschenbuchausgabe
September 2006

Umschlag/Bildredaktion: Büro Hamburg
Heike Dehning, Charlotte Wippermann,
Alke Bücking, Daniel Barthmann
Umschlagabbildung: Thomas Bonnie
Satz: seitenweise, Tübingen
Papier: Munken Print von Arctic Paper Munkedals AB, Schweden
Druck und Bindung: Clausen & Bosse, Leck
Printed in Germany
ISBN-13: 978-3-492-24801-3
ISBN-10: 3-492-24801-2

www.piper.de

Inhalt

Vorbemerkung zur Taschenbuchausgabe

Soviel Wechsel war nie innerhalb eines Jahres in Deutschland: Das rot-grüne Projekt – abgewählt.

Der selbsternannte Reformkanzler – im wohldotierten Unruhestand zwischen Moskau, Zürich und Hannover unterwegs.

Der ehemalige Vize – abgetaucht.

Stattdessen bemüht sich nun die im September 2005 vom Wahlvolk bestimmte Große Koalition um neue Sachlichkeit in der Selbstdarstellung. Allerdings sucht die harmoniegeeichte Mannschaft unter dem sanften Dirigat von Angela Merkel noch nach der akkuraten Schrittfolge auf dem Reformparkett. Ihre »Politik der kleinen Schritte« führte bisher auf keinem der zentralen Reformfelder zum Erfolg.

Als ein Autorenteam um SPIEGEL-Chef Stefan Aust zu Anfang des Jahres 2005 damit begann, die Wirtschaftsgeschichte der Bundesrepublik in einem TV-Dreiteiler für das ZDF zu dokumentieren, war von der Dimension und dem Tempo der folgenden Veränderungen noch wenig zu ahnen. Die für das Projekt befragten Politiker, Manager, Gewerkschafter und Wissenschaftler beschrieben damals den Weg des Landes aus den Trümmern zum weltweit gerühmten Modell und schließlich zu einem Gemeinwesen, das unter den Lasten der Einheit und vor den Herausforderungen der Globalisierung ein neues Selbstverständnis und Selbstbewusstsein sucht.

Viele der Männer, deren Meinungen auch in diesem Buch versammelt sind, mahnten mehr Mut und Aufrichtigkeit von den politisch Handelnden an; zum Beispiel Paul Kirchhof. Der durfte gleich erleben, wie gnadenlos der Betrieb mit einem etwas unkonventionellen Quereinsteiger umgeht. Nach wenigen Monaten war aus Frau Merkels optimistischem Steuerreformer ein politisch toter Mann geworden.

Die Mahnung zur Aufrichtigkeit indessen gilt weiterhin; denn von all den Faktoren, die die Erfolgsgeschichte Bundesrepublik in einen »Fall Deutschland« verwandelt haben – marode Sozialsysteme, inflexibler Arbeitsmarkt –, sind die meisten zwar ausgemacht. Ob ihre Neujustierung gelingt, bleibt unsicher.

Dieser Tatsache verdankt der vorliegende Band seine andauernde Aktualität.

Vorwort

Diese Interviewsammlung eröffnet einen neuen und in seiner Klarheit zuweilen bedrückenden Blick auf die deutsche Nachkriegsgeschichte. Denn erstmals wird von Zeitzeugen beides erzählt: Der märchenhafte Aufstieg aus den Trümmern des Krieges und der vor langer Zeit begonnene Abstieg des Landes, der sich mit der Wiedervereinigung spürbar beschleunigt hat.

Gesichter tauchen auf, Stimmen werden vernehmbar, es wird erinnert und gemahnt und vor allem wird erzählt: Von Zusammenbruch, Neuanfang und Wiederaufstieg, wenig später schon von den ersten Notsignalen einer überforderten Volkswirtschaft. Es sind Deutsche, die über Deutschland erzählen und immer auch über sich selbst. Wir begegnen dem achtjährigen Franz Steinkühler, der im Schacher mit den Amerikanern die Eier der Nachbarshühner als Tauschobjekt einsetzte. Die Bäuerin wunderte sich schon: »Seit die Amerikaner da sind, legen die Hühner keine Eier mehr«, erinnert sich der spätere Gewerkschaftsboss.

Auch Hilmar Kopper, heute Aufsichtsratsvorsitzender von Daimler Chrysler, startete als zehnjähriger Junge mit besonderen Nachkriegsgeschäften: »Ich war damals ein großer Schwarzmarkthändler.« Kopper entschärfte die liegengebliebene Munition der Wehrmacht, um an das begehrte Buntmetall zu kommen. Die ehemaligen Wehrmacht-Offiziere Helmut Schmidt und Richard von Weizsäcker nahmen in den Trümmern ihr Studium auf, sie beschreiben ihre Zeit zwischen Hunger-Rationen und Wissensdurst.

Der Neuanfang war auch das Werk jener Männer, die mit dem Mut von Verzweifelten ein Leben als Unternehmer begannen. Heinz Dürr berichtet, wie der Vater aus den Ruinen seiner Firma ausziehen mußte, um in einer leeren Lagerhalle von Neuem zu beginnen. Es ging los mit billigen Kochherden, aus Blech gebogen und mit Holz befeuert, die sich als »Spar-Herde« großer Beliebtheit erfreuten. Die verbliebenen Maschinen der Dürr-Werke entgingen der Demontage durch die Franzosen, denn die Soldaten interessierten sich mehr für die Modelleisenbahn des Vaters, »Modelleisenbahnen brauchen die Deutschen nicht mehr«, hieß es.

Die Deutschen wurden in den 50er Jahren wieder politischer. Kopper erlebte den jungen Ludwig Erhard als »grandios«, Klaus von Dohnanyi trat am Tag nach Adenauers triumphalen Wahlsieg 1957 in die SPD ein, weil er »liberaler Erneuerer« sein wollte. Otto Graf Lambsdorff schwankte noch zwischen CDU und FDP, um dann als Mitglied Nummer 7 den Aachener Liberalen beizutreten. Er sei Zentralist gewesen, damals schon, begründet er seine Entscheidung: »Die FDP wollte die Landtage und diese überflüssigen Landesminister abschaffen.«

Das Wirtschaftswunder ließ Deutschland zu den Großen dieser Welt aufschließen. Mitgliedschaft in den Vereinten Nationen und Exportweltmeister, Lohnsteigerungen wie am Fließband, Gewerkschaftsführer Steinkühler blickt zurück mit rosigen Wangen: »Wir hatten das Gefühl, es ist eigentlich alles prima.«

Aber das Gefühl trog. Der frühere Henkel-Manager und spätere CDU-Stratege Kurt Biedenkopf bemerkte früh schon, dass der Sozialstaat schneller wuchs als die Wirtschaft, dass trotz steigendem Wohlstand der Ruf nach staatlichen Hilfen lauter, nicht leiser wurde. Zwischen 1950 und 1964 hatte sich die Wirtschaftskraft des Landes vervierfacht, die Summe der Sozialleistungen verfünffacht. »Im Grunde«, sagt Biedenkopf heute, habe seine CDU die Sozialpolitik »als eine Art Volksversorgung« organisiert, was Ludwig Erhard, CDU, und Karl Schiller, SPD, gleichermaßen deprimierte. Die beiden großen Mahner sind am Ende als Gescheiterte in die Geschichte eingegangen.

Aber es war noch immer die Zeit, in der alles nach vorne drängte. In den Interviews begegnen uns die Erfolgsmenschen der Nachkriegsjahre. Kanzler Helmut Schmidt führt das Land durch die Irritationen von Ölpreisschock und RAF-Terror. Wir sehen den 42jährigen Kopper, der 1977 erstmals in den Vorstand seiner Bank berufen wurde. Steinkühler wird mit 49 Jahren schon Chef von Deutschlands größter Einzelgewerkschaft und Karl Otto Pöhl steigt als Präsident der Bundesbank zum Mister D-Mark auf. Edzard Reuter, der ehrgeizige Sohn des ehemaligen Regierenden Bürgermeisters von Berlin Ernst Reuter, schafft es bis an die Spitze des Daimler-Konzerns. Richard von Weizsäcker arbeitet in der Geschäftsführung eines Chemieunternehmens, bevor er sich endgültig der Politik zuwendet. Der Ökonom Norbert Walter war 1975 bereits Sprecher aller Wirtschaftsforschungsinstitute und mußte – eine Premiere für die noch junge Republik – eine Million Arbeitslose verkünden. Der produktive Kern des Landes, jene Sphäre, in der unser Wohlstand produziert wird, zog sich zusammen. Das Aussteuern von Menschen aus dem Arbeitsprozess begann.

Die Nation hätte innehalten müssen, aber sie tat es nicht. Sie tat sogar das Gegenteil, wie der ehemalige Mercedes-Chef Jürgen Hubbert sich erinnert. Er besuchte Anfang der 70er Jahre zum ersten Mal Japan, sah Industrieroboter und automatisierte Fertigungsstraßen, was ihn sehr beeindruckte. Er kam zurück in ein Deutschland, das nach Humanisierung der Arbeitswelt verlangte, nicht nach Rationalisierung: »Es liefen zum gleichen Zeitpunkt zwei Strömungen.«

Aber nur die eine setzte sich durch. Die Löhne stiegen, der Sozialstaat eilte ihnen voraus, die Nation wollte die Früchte der Wirtschaftswunderjahre ungestört genießen. Der Blick war nach innen gerichtet. Die Großunternehmen fingen an sich davonzuschleichen, die Unterhaltungsindustrie ging, die Textilindustrie verabschiedete sich, ganze Zukunftsbranchen wie das Investmentbanking entstanden anderswo, wie sich Kopper erinnert: »Wir wollten eigentlich unser Geschäft in Deutschland machen. Wir wollten eigentlich gar nicht rausgehen, aber wir sind nach draußen gezwungen worden.«

Das Lambsdorff-Papier, 1982 verfasst vom damaligen Wirtschaftsminister, war nichts anderes als ein 11-seitiger Mängelbericht der Deutschland AG. Der Aufschrei war groß, aber er richtete sich gegen den Autor, nicht gegen die Verhältnisse. »Das ist für mich keine Bibel«, beharrt Norbert Blüm noch heute. Die Wiedervereinigung hat daran nichts geändert. »Es gab keine Veränderungsbereitschaft«, lautet das Fazit von Wolfgang Schäuble.

Es kam zum Tempoverlust der deutschen Volkswirtschaft und zur Überforderung des Staates. Mit jedem Konjunkturabschwung vergrößerte sich das Heer der Arbeitslosen um 800 000 Menschen. Ab 1987, sagt Schäuble im Rückblick, verlor das Land »immer mehr an Dynamik und Gestaltungskraft«. Die von der Regierung zur Belebung der Wirtschaft verabschiedete Steuerreform war »unzureichend«, wie Theo Waigel heute zugibt. Der Kanzler jener Jahre hieß Helmut Kohl, Waigel und Schäuble waren damals seine engsten Mitstreiter.

1998 übernahm die rot-grüne Regierung unter Führung von Gerhard Schröder. Mit jahrelanger Verspätung setzte er einen Reformprozeß in Gang. Es war ein politischer Kraftakt, der die ökonomische Wirklichkeit allerdings kaum veränderte. Kein Reformstau mehr, dafür Reformdurcheinander, konstatiert Biedenkopf. Bert Rürup, der Chef der fünf Wirtschaftsweisen, schlägt vor, den großspurig Agenda 2010 genannten Reformplan des Kanzlers auf Agenda 2004 umzutaufen. Rürup ist überzeugt davon, daß Deutschland reformfähig ist: »Aber: Was wir bis jetzt geschafft haben, das war es nicht.«

Die Kontrahenten der politischen Debatte, das wird in den hier vorliegenden Interviews deutlich, haben die Parteigrenzen längst hinter sich gelassen. Nur eine Minderheit, angeführt von den Veteranen einer versunkenen Zeit, empfiehlt dem Land heute noch ein energisches Weiter-So. Die Mehrheit weiß, dass wenn alles bleibt wie es ist, nichts mehr so sein wird wie es war. Ohne eine gründliche, auf mindestens zehn Jahre angelegte Reformpolitik wird es mehr Arbeitslose und weniger Wohlstand, mehr Schulden und weniger Sozialstaat geben, und am Ende würde mit großer Sicherheit ein Erlahmen jener politischen Bindekräfte einsetzen, die dieses Land zusammenhalten.

Die vorliegende Sammlung von Interviews unternimmt auf erzählerische Weise eine Reise zum Mittelpunkt der deutschen Probleme. In klarer, oft anekdotenreicher Sprache berichten Zeitzeugen aus Politik, Wirtschaft und Wissenschaft über ihre Sicht der Dinge. Es wird offen gesprochen, aber nie schonungslos; es wird erinnert, ohne feierlich zu gedenken; Wichtiges kommt zur Sprache, aber ohne Wichtigtuerei. Die Unterteilung des Gesagten nach Zeitabschnitten nimmt das Persönliche dieser Gespräche etwas zurück, ordnet es den Zeitläuften unter. So werden Geschichten zu Geschichte. Sechzig Jahre nach Kriegsende ist ein überraschendes Buch entstanden, das zurückblickt, um den Blick nach vorn zu schärfen.

Die vorliegenden Interviews wurden von Stefan Aust, Claus Richter, Robert Wortmann und Matthias Ziemann für die dreiteilige Dokumentation »Der Fall Deutschland« geführt, die SPIEGEL TV im Auftrag des ZDF produziert hat, und werden hier in gekürzter Form publiziert. Für das Buch wurden sie behutsam bearbeitet, so dass der Charme des gesprochenen Wortes erhalten blieb. Allen Gesprächspartnern sei an dieser Stelle ausdrücklich und herzlich gedankt.

Berlin, im Mai 2005 Gabor Steingart

KAPITEL 1

1945 bis 1948:
Existenz in Trümmern

Закрыто!
Проход, на свой риск!
Gesperrt!
Durchgang auf eigene Gefahr!
Gesperrt

Als am 8. Mai 1945 mit der bedingungslosen Kapitulation der Deutschen der Krieg in Europa zu Ende geht, bedeutet das für viele Familien in dem besiegten Land nicht nur die wachsende Einsicht in den totalen moralischen Ruin. Auch die wirtschaftliche Basis ist für Millionen verloren. Der Bombenkrieg hat unzählige Wohnungen zerstört, die Sparguthaben sind entwertet und den aus Ost- oder Westpreußen Vertriebenen bleibt bisweilen nur das, was sie am Körper tragen. »Lucky Strike«- oder »Camel«-Zigaretten ersetzen die Reichsmark als alltägliche Währung. Die Besatzungsmächte verfolgen in der Behandlung der geschlagenen Herrenmenschen keine einheitliche Linie. Bei dem Nürnberger Prozess arbeiten Amerikaner, Sowjets, Briten und Franzosen noch halbwegs zusammen – doch die Vorstellungen über die Zukunft des unheimlichen Landes, das Europa und die Welt zweimal in zwei Generationen mit Krieg überzogen hat, gehen auseinander. Die Sowjets demontieren eifrig und installieren in ihrer Zone politische

Strukturen, die häufig bürgerlich camoufliert, immer aber von den Kommunisten kontrolliert sind. Amerikaner und Briten bilden aus ihren Besatzungsgebieten eine »Bizone«. Im Windschatten der Westmächte bildet sich langsam wieder eine Parteienlandschaft; die SPD wird nach zwölf Jahren Verbot aktiv, bürgerliche Christen gründen die CDU und CSU, die Liberalen nennen sich bald FDP. Eine freie Presse entsteht. Die kann zunächst darüber berichten, dass die Bewohner der einst stärksten europäischen Wirtschaftsmacht ihre Existenz unter archaischen Bedingungen fristen müssen. Im Hungerwinter 1946/47 sterben tausende entkräfteter Menschen; der Lebensunterhalt wird meist nicht verdient, sondern »organisiert«. Gute Kontakte, versetzbarer Besitz oder enge Freunde auf dem Land sind für die Aufbesserung der kargen Rationen entscheidender als ein Gehalt. Der Schwarzmarkt liefert die Indizes für den Marktwert von Waren – und ein gutes Training für die Cleversten.

Helmut Schmidt

Helmut Schmidt erlebt den Krieg als Soldat, 1945 gerät er als Oberleutnant in britische Kriegsgefangenschaft. Ende 1945 beginnt er ein Studium der Staatswissenschaft und Volkswirtschaft in Hamburg und wird 1946 Mitglied der SPD

Bei Ende des Krieges war ich in englischer Gefangenschaft in Belgien und saß unter freiem Himmel auf nacktem Erdboden. Das heißt, ich habe nicht miterlebt, was hier in Deutschland geschehen ist. Als ich nach Deutschland zurückkam, bin ich morgens immer erst mal aus den Latschen gekippt, weil ich völlig kraftlos war. Ich wurde fast jeden Morgen ohnmächtig und habe dann gelernt, langsam aufzustehen. Das Entscheidende damals war, dass man genug zu essen bekam … bekam man aber nicht. Ich erinnere mich an einen Tag im Frühjahr 1946, als meine Frau und ich buchstäblich nichts zu essen hatten und des Hungers wegen nicht nur nachts, sondern auch tagsüber im Bett geblieben sind, weil das am wenigsten Kraft kostete.

Meine Frau und ich hatten bereits 1942 geheiratet – ich war Soldat, und man wusste ja nicht, ob man den Krieg lebendig überstehen würde. Und nach dem Kriege, als wir wider Erwarten in Hunger und Trümmern uns wieder fanden, war zunächst das Wichtigste, zu essen zu bekommen und Holz zu stehlen und Kohlen zu klauen und die Bildung nachzuholen, die in der Nazi-Zeit und während das Krieges sehr vernachlässigt worden war. Ich kann mich gut erinnern, ich habe mich Ende 1945 an der Hamburger Universität einschreiben lassen. Ich war immerhin acht Jahre lang Wehrpflichtsoldat gewesen – es fiel dem

Soldaten nicht ganz leicht, die Professoren wirklich ernst zu nehmen, einige spielten sich ein bisschen auf. Darüber habe ich großzügig aber spöttisch hinweggesehen. Wohl aber habe ich das Lesen und die bis dahin versäumte Bildung nachgeholt.

Richard von Weizsäcker

Richard von Weizsäcker wird während des Krieges mehrfach verwundet. Nach Kriegsende studiert er Jura und Geschichte in Göttingen

Ich war darauf aus, mein Studium wieder aufzunehmen, nachdem ich sieben Jahre lang Soldat gewesen war. Meine Eltern waren nicht in Deutschland. Ich war zur Genesung von meiner Verwundung bei meiner Schwester gelandet, die ihren Mann im Krieg verloren hatte. Vorher hatte sie ihre ostpreußische Heimat verlassen müssen mit ihren Kindern. Mit anderen Worten, es war das leidvolle Schicksal vieler Familien, das auch unsere Familie betraf. Meinerseits habe ich dann das Glück gehabt, wieder als Student zugelassen zu werden an der ersten der beiden Universitäten, die gleich nach dem Krieg wieder aufmachten, das war in Göttingen im Wintersemester 1945/46.

Wir nahmen das Studium wirklich mit Hunger und Wissbegierde auf, nachdem man zuvor diese physisch schweren, moralisch unerträglichen und geistig spröden Zeiten erlebt hatte. Ich begann ein juristisches Studium, habe aber mehr Vorlesungen aus dem Bereich Geschichte und Theologie gehört. Wir waren ausgetrocknete Schwämme und dankbar dafür, nun endlich etwas nachholen zu können. Auf der einen Seite waren wir noch unreif, weil wir so wenig gelernt hatten, auf der anderen Seite aber in einem menschlichen Sinne eher reifer, als normalerweise junge Studenten sind. Wir waren ja auch schon Mitte oder Ende zwanzig. Die Lebensbedingungen waren recht schlicht. Ich weiß noch, im ersten oder zweiten Wintersemester, wenn ich aus der Universität in meine möblierte Bude kam, legte ich mich zum Lesen und Schreiben ins Bett. Es gab keine Heizung, nur im Bett war es warm.

Klaus von Dohnanyi

Klaus von Dohnanyi verliert im April 1945 seinen Vater. Hans von Dohnanyi wird von den Nazis hingerichtet. 1946 nimmt der Sohn in München sein Studium auf

Sie konnten in keinem Hörsaal Platz finden. Viele Studenten saßen irgendwo auf den Treppen draußen, es gab aber keine richtigen Lautsprecher, und man konnte den Professor kaum hören. So ging man denn etwas früher in die Vorlesung und hat sich viele Papiere besorgt, um zu Hause zu lernen. Ich habe trotzdem während meiner Studienzeit viel gemalt, gebildhauert und bin viel ins Theater gegangen. In der Oper habe ich unter Georg Solti als Komparse gearbeitet, um ein paar Mark hinzu zu verdienen.

Man hat gelebt von selbstgemahlener Grütze aus Weizenkörnern, die man sich irgendwo auf dem Lande organisiert hat. Die hat man dann auf einem Holzofen gekocht und bald in eine Kochkiste gestellt, damit man nicht so viel Holz verbrauchen würde. Denn in der Kochkiste, die mit Watte und solchen Dingen ausgefüllt war, da kocht das von alleine weiter, das ist eine erstaunliche Sache.

Ich habe manches möglicherweise gar nicht so wahrgenommen, weil ich mein Studium schnell absolvieren und nach Amerika gehen wollte. Ich hatte auch diese schrecklichen Erinnerungen an die Nazizeit, ich wollte das hinter mich bringen, ich wollte raus. Ja, ich erinnere mich an einige Diskussionen über die Rolle meines Vaters und Äußerungen von Kriegsteilnehmern, die dafür kein Verständnis hatten, obwohl sie ja wegen Hitler fast ihr Leben verloren hätten oder schon ein Bein. Es waren viele Kriegsversehrte dabei. Aber ich kann mich nicht an viele Debatten über den Krieg erinnern: Wenn man jung ist, sieht man nicht auf die Vergangenheit, man schaut auf die Zukunft.

Otto Graf Lambsdorff

Otto Graf Lambsdorff gerät schwer verletzt in Kriegsgefangenschaft, holt 1946 sein Abitur nach und beginnt ein Jurastudium in Bonn

Ich habe angefangen mit einer alten Wehrmachtsuniform, einer Kriegsbeschädigtenrente von 40 Reichsmark und einem Stipendium oder einer Freistelle an der Universität. Da musste man besondere Examen machen, Fleißprüfungen, dann wurden die Studiengebühren erlassen, die gab's damals. Dann hat man sehr schnell studiert, wir kamen aus dem Kriege nach Hause – ich war relativ jung, aber ich saß da beim Repetitor oder im Hörsaal neben Kollegen, die waren Stabsoffiziere und hatten den ganzen Krieg mitgemacht. Man machte nach sechs Semestern Referendarexamen als Jurist – heute undenkbar – und machte sich dann schleunigst auf den Weg, das Examen zu machen, um leben zu können, um wirtschaften zu können. Die Älteren mussten häufig schon ihre Familien versorgen, das war bei mir nicht der Fall. Es ging darum, den Laden wieder aufzubauen. Diese Stimmung: »Wir müssen anpacken. Wir müssen das hier in Ordnung bringen, es hilft uns kaum einer.« Es kam dann der Marshallplan, der uns sehr geholfen hat, aber auch deswegen geholfen hat, weil wir viele gut ausgebildete Menschen hatten und eine grundsätzlich marktwirtschaftlich ausgerichtete Politik, auf der dieser Marshallplan das so genannte »Wirtschaftswunder« bewirken konnte. Ich sage »so genannt«, das war kein Wunder, das war harte Arbeit und eine vernünftige und erfolgreiche Wirtschaftspolitik.

Kurt Biedenkopf

Kurt Biedenkopfs Familie siedelt nach 1945 aus Merseburg bei Halle nach Hessen über. Biedenkopf besucht das Gymnasium in Groß-Umstadt

Wiesbaden war relativ intakt. Köln, Frankfurt waren schwer getroffen, München war schwer getroffen. Ganze Teile von München, der ganze Residenzschlossbereich, waren zerstört. Das war für uns damals nichts Ungewöhnliches, es war unser Leben. Dieses zerstörte Land war unser Land. Es war nicht so, dass wir das gesehen haben wie ein Tourist, der in ein zerstörtes Land kommt, sondern wir haben dort gelebt. Wir haben uns damit auseinander gesetzt, wir haben uns aber vor allen Dingen auch damit abgegeben. Und wir haben, da rührte auch ein großer Teil unserer Energie her, den Wunsch gehabt, das auch wieder aufzubauen.

Edzard Reuter

Edzard Reuter kehrt mit seinen Eltern 1946 aus der Emigration in der Türkei zurück. Sein Vater Ernst Reuter wird Stadtrat in Berlin, Sohn Edzard besucht einen Abiturientensonderkurs

Wir sind zuerst in Hannover gelandet und das war ein Eindruck für mich, den ich in meinem ganzen Leben nicht mehr vergessen habe. Wir kamen aus einem relativ friedlichen, unzerstörten Land, die Türkei war ja nicht am Krieg beteiligt. Wir kamen in Hannover an und da war schockartig das erste Mal dieses Erleben einer totalen Ruinenstadt. Wenn man aus dem Zug ausstieg und die Treppen herunterging in den Tunnel, der die Bahnsteige miteinander verband, da lagen tausende von Menschen aneinander gedrängt mit dem letzten Hab und Gut, ausgemergelt, bleich, müde, mit Lappen an den Füßen. Dann kam man raus vor den Bahnhof und da war ein einziges Trümmerfeld, die Zacken der Häuserruinen, die noch in den Himmel standen, aber ansonsten Steine, die rumlagen, und die quietschenden Straßenbahnen dazwischen, an denen die Menschen draußen hingen wie Trauben.

Dasselbe hat sich Anfang 1947 in Berlin wiederholt. Auch diese Stadt war weitgehend zerstört. Sie war geprägt durch Staub, Kälte damals im Winter. Es war ja einer der schrecklichsten Nachkriegswinter, die es überhaupt gegeben hat, in dem noch tausende Menschen gestorben sind. Aber dagegen stand etwas ganz anderes: es herrschte plötzlich auch eine Stimmung, die da hieß: »Jetzt geht es wieder aufwärts, jetzt geht es nach vorne, wir können es anpacken.« Die Menschen waren ausgemergelt, aber hatten trotzdem noch Hoffnung und Kraft für die Zukunft.

Mein Vater hatte in Berlin wieder ein öffentliches Amt, er war Stadtrat, und da bekam man schon von den Amerikanern immer ein bisschen was zugesteckt beziehungsweise CARE-Pakete. Wir waren nicht so unmittelbar in diesem Hungerkreislauf drin. Aber man musste Kohle organisieren, musste versuchen, zusätzlich Butter irgendwo herzukriegen, alles andere war ja rationiert und gab es nur auf Lebensmittelabschnitte. Das musste man lernen, und da war ich natürlich total blöd. Ich wusste gar nicht was das heißt, organisieren, dass man etwas tauschen kann. Ich habe zunächst nicht verstanden, dass die Menschen am Wochenende mit dem, was ihnen geblieben war, einem zusammengerollten Teppich oder etwas Schmuck, rausfuhren auf das Land, um etwas zu organisieren. Das musste ich mühselig lernen, ein Weltmeister bin ich nie geworden. Ich ging auf einen so genannten »Abiturientensonderkurs«, mit Leuten, die den Krieg miterlebt hatten, die meisten hatten in der Wehrmacht gedient, die waren natürlich Weltmeister im Organisieren. Da durfte man nicht aus der Rolle fallen, ein bisschen musste man schon dabei sein.

Franz Steinkühler

Franz Steinkühlers Familie wird während des Krieges aus Gelsenkirchen in ein niederbayerisches Dorf evakuiert

Das Kriegsende habe ich in Niederbayern erlebt. Dorthin wurden wir evakuiert, meine Mutter, mein Bruder und ich, – mein Vater war in russischer Gefangenschaft. Wir mussten weg, weil wir in Gelsenkirchen ausgebombt worden sind. Sechs Wochen Transport nach Niederbayern, dann sind wir bei einem Bauern gelandet. Und '45 kamen dann die Amerikaner, ich wohnte in Dietring, einem kleinen Dorf, das kein Mensch kennt, und die Amerikaner kamen vom Falkenberg herunter, mit Panzern, die Leute in dem Haus hinter uns haben ein weißes Betttuch herausgehängt, wir haben auch ein weißes Betttuch hinausgehängt, links oben am Berg der Bauer hatte kein weißes Betttuch rausgehängt ... den haben die Panzer in Brand geschossen. Und plötzlich sind meine Mutter und die Bäuerin auf die Knie gefallen. Ich hatte keine Ahnung gehabt warum. Ich habe erst später mitgekriegt: auf dem Panzer waren Sterne drauf, und meine Mutter und die Bäuerin haben das für Russen gehalten. Und das war die große Katastrophe. Es waren aber die Amerikaner. Und als der Panzer vor unserem Haus hielt, ging die Luke auf, und dann habe ich zum ersten Mal in meinem Leben einen Schwarzen gesehen. Aber ich hatte schon Religionsunterricht und die Heiligen Drei Könige waren ja gute Menschen, deswegen hatte ich keine Angst vor dem. Und als die Amerikaner dann da waren, habe ich mit denen bald einen schwunghaften Handel angefangen: ein Ei gegen Schokolade, es war so ganz harte

Schokolade, und die Bäuerin fluchte: »Seit die Amerikaner da sind, legen die Hühner keine Eier mehr.« Also, wenn die gewusst hätte, wo die Eier hinkamen …

Hilmar Kopper

Hilmar Koppers Familie flüchtet 1945 vor den sowjetischen Truppen aus Westpreußen. Der Zehnjährige betätigt sich als Schwarzmarkthändler

Wir sind im Februar 1945 geflohen. Meine Mutter mit vier Kindern, mein Vater war damals nicht dabei, weil er eingezogen war. Wir sind in Norddeutschland hängen geblieben. Die ersten Jahre waren alles andere als erfreulich. Ich war relativ jung, zehn, elf, zwölf Jahre alt, da erlebt man alles als Abenteuer. Ich habe Erinnerungen an Zeiten des Hungers, des Frierens. Es ging uns wie es so vielen ging, die in diesem gewaltigen Umbruch eine neue Position finden mussten.

Wir sind auf dem Lande gestrandet, was ganz nützlich war, weil man dort durch allerhand Beschaffungsaktionen den Hunger immer noch etwas leichter stillen konnte als vielleicht in einer größeren Stadt. Ich muss gestehen, aber das ist ja sicherlich alles verjährt: Ich war damals ein großer Schwarzmarkthändler und tauschte heftig englische Zigaretten bei den Bauern gegen frische Lebensmittel, die ich dann wieder den Engländern verkauft habe.

Von der Differenz konnten wir auch etwas leben. Ich handelte mit selbst entschärfter Munition, weil Buntmetall damals sehr wertvoll war. Ich machte also alle die Dinge, die ich meinen Kindern auf keinen Fall zugestanden hätte. Ich entsinne mich an das erste Stück Schokolade meines Lebens: die kam aus einem amerikanischen CARE-Paket. Und das hat mich auch etwas politisch geprägt. Ich kann dieses Gefühl der Dankbarkeit gegenüber anderen, die anonym blieben, die weit weg von uns wohnten, bis heute einfach nicht verdrängen. Und diese Dankbarkeit prägt heute noch mein Verhältnis zu Amerika.

Heinz Dürr

Heinz Dürr wächst als Sohn des mittelständischen Unternehmers Otto Dürr in Stuttgart auf. Das Unternehmen stellt ab 1945 zeitweise auf die Produktion von Kochstellen um

Die Firma Dürr in Cannstatt, von meinem Großvater gegründet, war zerstört, Totalschaden. Aber mein Vater hatte noch eine Halle in Zuffenhausen, da steht heute das Porsche Produktionsgebäude drauf, die war absolut unbeschädigt. Die haben damals bis zum letzten Tag des Krieges Zulieferteile für Flugzeuge hergestellt, doch dann hat man die Flugzeuge nicht mehr gebraucht. Dann hat mein Vater aus den Blechresten, die er hatte, so genannte »Spar-Herde« hergestellt. Das waren Herde mit zwei Kochplatten, in denen konnte man Holz verfeuern. Das haben die Leute gebraucht.

Die Maschinen in unserer Fabrik sollten ursprünglich demontiert werden. Im Herbst '45 haben sich dann die Franzosen die Maschinen in der Halle angeguckt, aber sie doch stehen lassen. Statt dessen haben sie die Modelleisenbahn von meinem Vater mitgenommen. Die war im Luftschutzkeller untergebracht, zwei riesige Kisten, alles Spur Null, und die haben sie mitgenommen, weil sie gesagt haben: »Modelleisenbahnen brauchen die Deutschen nicht mehr.« Mein Vater war ein genialer Organisator, der hat manchmal Herde getauscht gegen ein Pfund Butter und ein Brot, wie es damals so gelaufen ist. Aber viele meiner Mitschüler, die haben oft gesagt: »Mensch, ich hab' Hunger, mir ist schlecht vor Hunger.« Das war schon eine ganz andere Zeit.

KAPITEL 2

1948/49: Währungsreform und Luftbrücke

CQ-740

Die Anzüge, die er trägt, schlackern dem einstmals stattlichen Mann um die reduzierte Figur; die Zigarren, die der begeisterte Raucher konsumiert, gehören zur billigen Nachkriegsware; und sein fränkischer Tonfall strahlt eher gemütliche Bonhomie als Tatkraft aus. Ludwig Erhard ist Direktor der Verwaltung für Wirtschaft in der Bizone. Er verwaltet den Mangel und denkt an die Zukunft. Im kleinen Kreis hat er die Modelle durchspielen lassen, die den unter den Nazis und Alliierten zwangsbewirtschafteten Deutschen eine chancenreiche ökonomische Zukunft ermöglichen sollen. Am Ende läuft es auf einen gebremsten Kapitalismus hinaus. Für die Umsetzung seiner Vorstellungen hat Erhard bald eine Gelegenheit: die West-Alliierten wollen das Durcheinander aus Reichsmark- und Zigarettenwährung mit einer Währungsreform beenden. An eine Freigabe der Preise nach der Einführung der D-Mark ist jedoch nicht gedacht. Erhard sorgt ohne Absprache mit den Alliierten genau dafür – und erzeugt damit den Effekt, der in der verklärten Erinnerung vieler Zeitgenossen die Vokabel »Währungsreform« zur Chiffre für das Ende des Hungers und den Beginn des Erfolges macht.

Das ist richtig – auch. Denn die Einführung der D-Mark in den West-Zonen und in West-Berlin vertieft auch die Differenzen zwischen Westmächten und Sowjetunion. Die lässt als unmittelbare Reaktion die Zufahrtswege in die Westsektoren der früheren Reichshauptstadt sperren. Die Blockade beginnt, und mit ihr die Luftbrücke. Die Versorgungsflüge der Amerikaner und Briten sorgen für steigende Sympathien bei den Deutschen und eine Vorahnung auf die Bündnisse der Zukunft. Es scheint, dass die lässige und effiziente Art der Amerikaner, dringende Probleme zu lösen, auch den deutschen Politikern im Parlamentarischen Rat hilft. Das Modell »Sozialismus« wird durch das sowjetische Handeln und die Berichte aus der Ostzone diskreditiert, einen neuen Führer wünschen sich nur Unverbesserliche. Bleibt also nur eine parlamentarische Demokratie. Und die kommt am 23. Mai 1949. Der wieder fülliger werdende Zigarrenfreund wird darin eine entscheidende Rolle spielen. Noch wichtiger aber ist der Mann, der eigentlich schon die Pension verzehren sollte, die er sich vor 1933 als Kölner Oberbürgermeister und Präsident des Preußischen Staatsrates verdient hat: Konrad Adenauer.

Helmut Schmidt

Helmut Schmidt ist 1947/48 Bundesvorsitzender des Sozialistischen Deutschen Studentenbundes. 1949 schließt er das Studium als Diplom-Volkswirt ab

Die Währungsreform war 1948, da hatte ich inzwischen ein nationalökonomisches Studium hinter mir. Ich habe dann ein halbes Jahr später meine Diplomarbeit schreiben müssen über das Thema: »Die Währungsreform in Japan und die Währungsreform in Deutschland: Ein Vergleich«. Der Professor hatte sich wahrscheinlich nicht vorgestellt, dass es fast unmöglich war in Deutschland über die zeitlich vorausgegangene japanische Währungsreform etwas zu erfahren. Es gab ganze drei Aufsätze, die ich mit Mühe und Not aus Amerika an Land gezogen habe. Die kamen erst drei Wochen vor Abgabeschluss bei mir an. Aber das hat dazu geführt, dass ich die Währungsreform einigermaßen richtig beurteilen konnte.

In Japan war 1946 die Währungsreform schief gegangen, weil mit dem neuen japanischen Geld keine Waren gekauft werden konnten, ein Angebot war kaum vorhanden. Das war in Deutschland anders. Dank des Marshallplans kamen gleichzeitig alle möglichen Güter ins Land, Lebensmittel, Kaffee, Bananen, Zigaretten, und es stellte sich sehr schnell heraus, dass die neue Währung kaufkräftig war, es gab keine großen Inflationsraten. Die deutsche Währungsreform hat sich für mich von Anfang an als Erfolg dargestellt. Ich bin kein Historiker, aber ich glaube, wenn wir nicht gleichzeitig den Marshallplan gehabt hätten, wäre der Erfolg der Währungsreform bei weitem nicht so durchschlagend gewesen.

Klaus von Dohnanyi

Klaus von Dohnanyis Bruder Christoph verspielt am Tag der Währungsreform fünf Mark beim Hütchenspiel

Jeder bekam eine bestimmte Summe Geld, und mein Bruder hatte auch zehn oder fünf Mark bei sich. In der Nähe unserer Wohnung gab es eine Schwarzhändlerstraße, die so genannte Möhlstraße. Da stand so ein Würfelartist, der meinem Bruder klarmachen wollte, dass er beim Hütchenspiel sehr viel Geld verdienen könnte. Zwanzig Mark sollte mein Bruder setzen und hundert gewinnen, wenn er erriet, wo der Würfel war. Mein Bruder hat seine fünf Mark gesetzt, das war wahnsinnig viel Geld, und hat alles verloren. Und noch heute sagt er bei Gelegenheit: »Du nichts wissen für zwanzig, Du nichts wissen für zwanzig«, weil er sich genau erinnert, wie er betrogen worden ist von dem Hütchenspieler. Aber wir lebten auf keinen Fall in einer depressiven Zeit.

Otto Graf Lambsdorff

Otto Graf Lambsdorff studiert zur Zeit der Währungsreform Rechts- und Staatswissenschaften an den Universitäten Bonn und Köln

Am Vorabend der Währungsreform hatte ich mit Freunden im Hotel »Fürstenhof« in Köln für junge Leute einen Ball organisiert. Um Mitternacht hörte die Kapelle, die wir angeheuert hatten, auf zu spielen und sagte: »Für das Geld werden wir doch jetzt hier nicht mehr blasen und trommeln.« Da haben wir die dann gerade noch so bewogen.

Am nächsten Tag haben wir uns dann unser Kopfgeld geholt. Dann ging man am Montag durch die Straßen und sah plötzlich Schaufenster, in denen Waren angeboten waren. Das waren Schaufenster, in denen früher nichts stand oder nur ein paar Pappschilder oder irgendetwas Komisches, weil sie nichts anzubieten hatten. Wie gutes Geld die gehorteten Waren aus dem Keller heraus gefördert hat, das war schon des Zusehens wert.

Edzard Reuter

Edzard Reuters Vater Ernst Reuter wird Oberbürgermeister von Berlin. Die Währungsreform führt zur Blockade der Stadt. Ernst Reuter wendet sich mit einem verzweifelten Appell an die westlichen Demokratien

Die Währungsreform galt ja nur für die westlichen Besatzungszonen, nicht für die russische Besatzungszone. Und ganz schnell wurde dann für die russische Besatzungszone eine Währungsreform eingeführt, die nicht die gleiche war wie im Westen. Und nun entstand in Berlin, das war der Kern der Auseinandersetzung, der schließlich zur Blockade und zur Luftbrücke geführt hat, der Kampf, welche Währung in Berlin insgesamt gelten soll. Mein Vater hat immer wieder gesagt, wer die Währung hat, hat die politische Macht in der Stadt.

Darum kämpften mein Vater und seine politischen Wegbegleiter aus allen demokratischen Parteien, dass diese westdeutsche DM zur in Berlin gültigen Währung erklärt wird. Auf der anderen Seite stand die russische Besatzungsmacht, die alles versucht hat, um die West-Berliner Wirtschaft möglichst in die Situation zu bringen, dass sie sagen würde: »Wir können nicht mitten in der sowjetischen Besatzungszone existieren, wenn wir nicht mit der östlichen Währung arbeiten und rechnen können.«

Wenn man diesen kleinen Ausschnitt aus der Rede meines Vaters sieht, »Ihr Völker der Welt, schaut auf diese Stadt«, und das auch noch mit einem gewissen Pathos in der Stimme vorgetragen, dann denkt man fast, das sei so ein bisschen Lobpreisung für die Stadt. Nein! Das war ein verzweifelter Appell an die Völker der westlichen Demokratien. Es ging darum, dass auf politischer Ebene in jenem Augenblick in Moskau Verhandlungen stattfanden zwischen den Russen und den drei westlichen alliierten Vertretern, wo die russische Seite ständig neue Lockangebote machte, um Berlin in die Hände zu bekommen.

Und mein Vater hatte die Befürchtung, dass die Alliierten nachgeben könnten. Das war der Appell an die demokratischen Völker in der westlichen Welt, nicht zuzulassen, dass ihre politisch Verantwortlichen einen solchen Fehler machen und die Deutschen aufgeben, Berlin aufgeben. Mein Vater war kein Mensch, der sich Verzweiflungsstimmungen hingab – aber es war ein pathetisch verzweifelter Appell an die politisch Verantwortlichen in Washington, in London und in Paris.

Ich glaube, dass dieses Erleben in Berlin, der Widerstand gegen den sowjetischen Versuch, die Stadt zu vereinnahmen, das Einstehen für Demokratie und Freiheit und das Erleben der Luftbrücke, dass das eigentlich die Geburtsstunde der deutschen Demokratie gewesen ist, die sich dann in der politischen Erfolgsgeschichte der Bundesrepublik niedergeschlagen hat. Diese Geburtsstunde lag nicht in Bonn, lag nicht in der Unterzeichnung des Grundgesetzes, sondern die lag in dem Erleben in Berlin.

Franz Steinkühler

Franz Steinkühler siedelt nach Göppingen in Baden-Württemberg über. Dort erlebt der Schüler die Währungsreform

Da haben wir pro Kopf vierzig Mark bekommen, legen Sie mich nicht genau fest … und was mir auffiel: am nächsten Tag waren die Läden voll. Man konnte wieder fast alles kaufen. Noch vor der Währungsreform waren die Läden ja zu und zugehängt.

Ich war im Schwimmverein Göppingen und brauchte dringend ein paar Schuhe. Aber Schuhe gab es damals nicht, selbst mit Bezugsmarken gab es keine Schuhe. Mein Vater war bei der Polizei, und er hatte plötzlich eine große Tasche mit einer Gans. Und der Schwimmvereinsvorsitzende hatte ein Schuhgeschäft. Dann sind wir mit dieser Gans zum Schuhgeschäft Geiser gegangen. Und mein Vater sagte: »Mein Sohn braucht Schuhe, ich habe hier eine Gans.« Wir wurden nach hinten geführt und da gab es Schuhe. Sie haben gepasst, und dann haben wir mit den Bezugsmarken und mit dem Geld bezahlt … dann wollte der die Gans haben. Da sagt mein Vater: »Was wollen Sie mit der Gans? Ich habe Ihnen keine Gans versprochen. Ich habe nur gesagt, ich habe hier eine Gans. Das ist alles.« Und so haben wir die Schuhe gekriegt. Ich werde das nie vergessen. Aus dem Schwimmverein bin ich natürlich ausgetreten, das hat dann nicht mehr funktioniert.

Und was ich politisch nicht vergessen habe: Am ersten

Tag nach der Währungsreform, als wir die ersten Brötchen gekauft haben, waren wir ärmer und der Bäcker war reicher. Das war die Umverteilung. Die Währungsreform hat durchaus nicht alle gleich behandelt, sondern dafür gesorgt, dass durch die Eigendynamik die Ungleichheit, die Ungleichverteilung der Einkommen bis heute fortgegangen ist.

Hilmar Kopper

Die Währungsunion prägt Hilmar Koppers Verständnis von Marktwirtschaft

Ich erinnere mich genau an den Tag der Währungsreform und weiß noch genau, wie mein Vater zurückkam und hatte das bisschen Geld für uns alle und verkündete, damit müsste nun sehr vorsichtig umgegangen werden. Am Tag danach sahen die Schaufenster anders aus. Es gab plötzlich alles. Auch die Basis für den Schwarzmarkt war natürlich völlig »out«. Und da habe ich zum ersten Mal verstanden, was Marktwirtschaft eigentlich bedeuten kann. Dieser kühne Versuch von Erhard war grandios.

Jürgen Hubbert

Jürgen Hubberts Familie wird während des Krieges zweimal ausgebombt. Er wächst in bescheidenen Verhältnissen auf und spürt die Folgen der Währungsreform

Ich war zum Zeitpunkt der Währungsreform in einem Schullandheim und habe von einem auf den anderen Tag die andere Ernährung erlebt. Plötzlich gab es Wurst statt Marmelade und es gab ein völlig anderes Essen. Das größte Erlebnis in dieser Zeit war der Umzug in eine neue Wohnung, die ein eigenes Bad und eigenes Klo hatte, während wir vorher einen halben Stock tiefer oder höher auf die Gemeinschaftstoilette gehen mussten. Das sind Erlebnisse, die kann man nie vergessen. Und das hat mich natürlich motiviert, mich persönlich weiter zu entwickeln und den eigenen Lebensstandard zu verbessern.

KAPITEL 3

Die 50er Jahre: Der Staat des Patriarchen

Wo genau der 73-jährige Katholik Konrad Adenauer politisch zu verorten ist, wissen exakt vermutlich weder die Minister seiner Kabinette noch überzeugte CDU-Funktionäre, weder die alliierten Hochkommissare noch enge Berater wie die Bankiers Robert Pferdmenges oder Hermann Josef Abs. Adenauer ist vor allem eines: stets bei sich. So führt der erste Kanzler der Bundesrepublik Deutschland seine Geschäfte pragmatisch und jeweils dem nächsten Ziel verpflichtet. Dass sich dabei in der Retrospektive dennoch vor allem eine große außenpolitische Linie ausmachen lässt, ist vielleicht den Zeitumständen ebenso geschuldet wie den Handlungen des zweimal verwitweten Mannes. Er forciert die Anlehnung an die Westmächte, die später zur Westbindung führt. Er lässt Entschädigungszahlungen an Israel leisten, feilscht mit Stalins Nachfolgern um diplomatische Anerkennung und – nachrangig – auch um die Heimkehr der letzten deutschen Kriegsgefangenen. Er lässt die Kriegsschulden im Londoner Abkommen regeln und befreundet sich mit Charles de Gaulle. Er treibt die Veranstaltung einer Europäischen Gemeinschaft voran und lässt die gesamtdeutsche Frage unbeantwortet. Dass die Ära Adenauer eine Erfolgsgeschichte wird, verdankt sie vor allem dem für die meisten Bewohner spürbar steigenden Lebensstandard. Der Regierungschef, nicht gerade als Wirtschaftsprofi bekannt, lässt seinen Wirtschaftsminister Ludwig Erhard machen. Der sorgt mit vielen Entscheidungen dafür, dass nicht nur Handwerker und Mittelständler, sondern auch die an bequeme Kartelle gewöhnten Großunternehmen im Wettbewerb ankommen. Erhards Mitstreiter, Berater und Staatssekretär Alfred Müller-Armack prägt den Begriff »Soziale Marktwirtschaft«; Adenauer versteht darunter etwas anderes als seine Urheber. Das zeigt er, als er gegen Erhard die Rentenreform 1957 durchsetzt. Der demografische Faktor wird ausgeblendet, Selbstständige und Beamte werden nicht als Beitragszahler verpflichtet. Das schnelle Geld für die Alten soll rechtzeitig vor der Bundestagswahl her. Adenauer fährt die absolute Mehrheit ein. Wer kann ihm noch gefährlich werden? Vielleicht die Kräfte, die sich bilden, wenn ein Gemeinwesen stabiler wird. Lange zählen nur Wiederaufbau, die ersten Auslandsurlaube und die Freude darüber, auf der richtigen Seite des Eisernen Vorhangs zu leben. Doch langsam wird offenbar, dass dem Land der 54er-Weltmeister ein Gedanke fehlt, der über das Mehren des Wohlstandes hinausweist. Und es fehlen Gedanken, aus denen sich etwas über die eigene Vergangenheit lernen lässt. Adenauer kann diese Antworten nicht geben – und noch scheinen die Fragen auch nicht so dringend zu sein.

Helmut Schmidt

1953 wird Helmut Schmidt Abgeordneter des Deutschen Bundestages. 1957 rückt er in den Fraktionsvorstand, 1958 in den Bundesvorstand der SPD. Schmidt liefert sich heftige Debatten mit Verteidigungsminister Franz Josef Strauß

Das so genannte Wirtschaftswunder der 50er Jahre hatte eine Reihe von Ursachen: Neben Währungsreform und Marshallplan die zunächst schrittweise, aber dann sich schnell vollziehende Befreiung von staatlichen Vorschriften. Markt und Wettbewerb traten an die Stelle staatlicher Reglementierung. Das war eine Glanzleistung des damaligen Wirtschaftsministers Ludwig Erhard. Es war nicht selbstverständlich für die Deutschen, dass nun plötzlich Unternehmer und Händler völlig frei sein sollten. Das hat Erhard den Leuten gut erklärt, er hat seine Sache in der ersten Hälfte der 50er Jahre erstklassig gemacht.

Das Konzept der Sozialen Marktwirtschaft kam viel später, in der zweiten Hälfte der 50er Jahre. Ich nehme an, dass ich das Schlagwort »Soziale Marktwirtschaft« zum ersten Mal 1957 oder '58 gehört habe. Erhard, der in seinen Reden dieses Wort popularisiert hat, machte auf mich aber nicht den Eindruck, dass er ein Vorkämpfer für soziale Gerechtigkeit sein würde. Wohl aber sein Bundeskanzler, Konrad Adenauer, der dann die Dynamisierung der Renten gegen den Rat seines Wirtschaftsministers Erhard durchgesetzt hat. Ich glaube, Ludwig Erhard hatte in Wirklichkeit kein sozialpolitisches Konzept. Ihm ging es um Wirtschaftsordnung, Wettbewerbsordnung und um den Markt.

Damals hat das Schlagwort »Soziale Marktwirtschaft« mich nicht sonderlich beeindruckt. Ich war aber sehr einverstanden mit der dynamischen Rente. Dass heute der Sozialstaat kaum mehr finanziert werden kann, beruht auf Fehlern, die sehr viel später aufeinander getürmt worden sind. Das kann man nicht der Rentenreform des Jahres 1957 anlasten.

Für den Parteitag der SPD 1959 in Godesberg gab es eine Reihe von Gründen. Ich hatte an den Programmentwürfen jahrelang mitgearbeitet. Einer der Gründe war der Generationswechsel innerhalb der Sozialdemokratie. Ein anderer Grund war, dass die neue Generation – typische Vertreter waren Willy Brandt, Fritz Erler oder Herbert Wehner – sah, dass man mit der alten Programmatik bei den Wählerinnen und Wählern nicht mehr die gewünschte Zustimmung erringen würde. Wir mussten uns darauf einstellen, dass die Leute von uns keine Planwirtschaft erwarteten. Die Diskussionen, die dem Godesberger Programm vorangegangen sind, haben schon '52 angefangen und dann in den späten 50er Jahren mehrere Jahre beansprucht. Es gab auch Einflüsse von Ökonomen, die wussten, wie Wirtschaft funktioniert, und dass eine Wirtschaft, die sich am Markt orientiert, besser funktioniert als eine, die von staatlichen Direktiven gelenkt wird. Beim Godesberger Programm wirkten vielerlei Einflüsse zusammen.

Richard von Weizsäcker

Richard von Weizsäcker arbeitet als Rechtsreferendar bei Mannesmann in Düsseldorf. 1954 promoviert er in Göttingen und tritt in die CDU ein. Bei Mannesmann wird er Leiter der wirtschaftspolitischen Abteilung und wechselt 1958 zum Bankhaus Waldthausen

Konrad Adenauer hat durch seine Klugheit, seine große Erfahrung und seine Würde im Auftreten als Repräsentant des geschlagenen Deutschland gegenüber den Siegermächten einen starken Eindruck hinterlassen – auch auf mich. Im Vordergrund stand damals, dass die neu gegründete Bundesrepublik Deutschland im internationalen Gespräch überhaupt wieder zugelassen wurde. Es ging darum, dass Westdeutschland trotz der Beschränkung seiner Selbstständigkeit als neuer Partner respektiert wurde.

Kanzler Adenauer und sein Wirtschaftsminister Ludwig Erhard waren ein interessantes und in der Gründungsphase der Republik auch sehr fruchtbares Paar. Erhard war der Begründer dessen, was wir Soziale Marktwirtschaft nennen, aber das, was wir damals darunter verstanden haben und heute herausinterpretieren, unterschied sich bei Erhard und Adenauer doch sehr nachhaltig. Erhard hatte die Vorstellung, die soziale Marktwirtschaft sei ein System, das nicht sozial gemacht werden müsse, sondern sozial sei. Adenauer dagegen war der Meinung, dass das Sozialsystem vom Staat her käme. Adenauer wollte die staatliche Verantwortung für die Sozialpolitik in der Tradition Bismarcks und mit Hilfe der katholischen Soziallehre und evangelischen Sozialethik nutzen, um auf diesem Gebiet ausdrücklich soziale Ziele anzustreben und Leistungen zu vollbringen. Erhard stand manchen dieser Vorhaben skeptisch gegenüber.

Eine wichtige Auswirkung hatte die Einführung des Mitbestimmungsrechtes, die Montanmitbestimmung Anfang 1951. Sie war der erste Schritt in die Richtung, Aufsichtsräte paritätisch zusammenzusetzen. Außerdem bedeutete sie, dass eine arbeitnehmernahe Persönlichkeit im Vorstand mit Zuständigkeit für die Personalien tätig sein sollte. Damit wurde das Prinzip der Tarifpartnerschaft in die Unternehmensleitungen eingeführt. Dies war nicht nur der Wunsch der Gewerkschaften in Deutschland, sondern auch der britischen Besatzungsmacht im Ruhrgebiet. In Großbritannien regierte die Labourpartei, die ihrerseits Ideen wie paritätische Mitbestimmung in den Unternehmen begrüßte, bei sich zu Hause aber nicht einführen konnte und sich sagte: »Dann kann es in dem besetzten Westdeutschland doch erst einmal ausprobiert werden.« Auch von daher kam ein gewisser Rückenwind. Adenauer hatte damals ein Interesse an gutem Kontakt mit dem DGB-Vorsitzenden Böckler. Da gab es auf manchen Gebieten Kooperation. Der Streit über die paritätische Mitbestimmung, insbesondere in den Aufsichtsräten, hat in den folgenden Jahrzehnten nie ganz aufgehört, bis heute nicht. Mein damaliger Eindruck war: die Parität in den Unternehmensführungen hat weder so viel gebracht, wie von Vielen erhofft, noch so viel geschadet, wie von Vielen befürchtet.

Während der 50er Jahre wurden meine eigenen wirtschaftlichen Lebensbedingungen normal. Zuvor, also während des Studiums und erst recht während der Referendarzeit, hatte ich lebhaft damit zu tun, irgendwie meinen Lebensunterhalt zu verdienen. Es begann für mich im Bergbau von Mannesmann in Gelsenkirchen. Viele Jahre später, inzwischen als Bundespräsident, habe ich wieder einmal eine Grubenfahrt auf derselben Schachtanlage gemacht, die mir aus meiner Referendarzeit vertraut war. Der Betriebsratsvorsitzende empfing mich mit der Fotokopie meines damaligen Anstellungsvertrages. Die Summe, die ich damals verdiente, lag unterhalb von 150 DM, also recht wenig. Später, als ich geheiratet hatte und wir Kinder bekamen, ging es sparsam und vernünftig weiter.

Klaus von Dohnanyi

Klaus von Dohnanyi geht als junger Deutscher zum Studium in die USA, arbeitet kurzzeitig bei Ford in Detroit. 1954 kehrt er nach Deutschland zurück, um bei Ford in Köln zu arbeiten und später die Planungsabteilung zu leiten. 1957 tritt er in die SPD ein

Ich hatte 1950 ein Fulbright Stipendium an der Columbia University, dann folgten ein Sommersemester Stanford und ein Semester Yale Law School. Nach einem Jahr mußte man nach Hause. Ein Jahr war ich am Max-Planck-Institut in Tübingen, dann bin ich nach Yale zurückgekehrt und habe dort meinen LLB, den Abschluss gemacht. Im Anschluss habe ich zunächst bei Ford in Dearborn gearbeitet. Nach einer Weile haben die dann gesagt: »Wie wäre es, wenn Sie bei uns in Köln arbeiten würden?« So bin ich dann zu der amerikanischen Ford-Tochter in Köln gekommen.

Amerika war ungeheuer wichtig für mich und faszinierend, doch ich war nie in Versuchung, in Amerika zu bleiben. Ich hatte immer das Gefühl, dass Deutschland mein Vaterland ist und ich dabei sein wollte, wenn es wieder aufgebaut wird. Aber Amerika hat eben diese Faszination der Kraft, der Vitalität, der Eigenverantwortung und auch der kulturellen Kreativität. Ich hatte ja fast vier Jahre amerikanische Kultur um mich: Die USA sind ein ungewöhnliches Land, das zeigt, welche Vitalität aus Freiheit und Selbstbestimmung entstehen kann.

Ich bin einen Tag nach der absoluten Mehrheit von Adenauer 1957 in die SPD eingetreten, weil ich das Gefühl hatte, dass die SPD in den großen außenpolitischen und den sozialpolitischen Fragestellungen der Geschichte eher richtig gestanden hat. Ich hatte das Gefühl, dass von Seiten Adenauers doch eine relativ statisch-konservative Politik gemacht wurde, während ich auf die Seite der liberalen Erneuerer gehörte. Ich bin ein liberaler Sozialdemokrat und habe viele Freunde auch unter den Liberalen in der FDP, auch im liberalen Teil der CDU, und dafür auch Gegner in dem verstockten Teil der SPD. Ich war immer ganz auf der Seite der Godesberger Reformer.

Heute gehen viele tüchtige Leute früh in die Politik und sind dann leider relativ abhängig. Ich wollte mir durch meine Berufserfahrung eine Lage schaffen, in der ich sagen konnte: »Also das mache ich, und wenn das so nicht geht, dann brauche ich das nicht.« Das war dann auch ganz vernünftig. Außerdem hatte ich reichlich Wirtschaftserfahrung gesammelt, als ich in die Politik gegangen bin. Ich war bei Infratest haftender Gesellschafter mit bald 200 fest angestellten Mitarbeitern. Ich glaube, man ist ein besserer Politiker, wenn man sich die schlaflosen Nächte eines Unternehmers wenigstens vorstellen kann. Am besten ist, man hat sie selbst erfahren.

Otto Graf Lambsdorff

Otto Graf Lambsdorff wird 1951 Mitglied Nr. 7 der FDP. 1953 kandidiert er erfolglos für den Bundestag und beginnt 1955 eine Karriere im Bank- und Kreditgewerbe. Den Entscheidungen Ludwig Erhards – gegen Kartelle, für Wettbewerb – zollt der junge Graf Lambsdorff Respekt

Meine Entscheidung, mich einer politischen Partei anzuschließen, fiel während des Studiums. Ich habe aber abgewartet, weil ich erst mal sehen wollte, welcher Partei. Da waren CDU und FDP diejenigen, die in Frage gekommen waren. Ich habe mich dann für die FDP entschieden, bin in Aachen im Mai 1951 als Mitglied Nr. 7, eine etwas ominöse Zahl für eine Parteimitgliedschaft, in die FDP eingetreten.

Der erste Grund: Die FDP war gegen die Konfessionsschule, die damals in der schulpolitischen Auseinandersetzung in Nordrhein-Westfalen eine große Rolle spielte. Zweitens war die FDP damals eine zentralstaatliche Partei. Sie wollte diese Landtage und diese überflüssigen Landesminister abschaffen. Da haben wir viel gelernt in der Zwischenzeit. Drittens war für mich wichtig: Die FDP war eine Partei der Marktwirtschaft, der sozialen Marktwirtschaft, und das mit Überzeugung. Das hat mich dazu gebracht, ihr beizutreten.

Ich habe mir immer gesagt: »Du kandidierst, wenn überhaupt, für den Bundestag.« Das habe ich 1953 getan. Da hat mich die Weisheit der Wähler glücklicherweise nicht gewählt. Das hat mich dann veranlasst oder auch gezwungen, einen beruflichen Weg einzuschlagen. Ich sagte mir: »Jetzt machst du erst deinen Beruf fertig und sicherst dir eine gewisse Unabhängigkeit«, die ich 1953 natürlich keinesfalls hatte, »und dann kannst du sehen, ob du noch mal in die Politik gehst und ein Mandat annimmst.« Und für mich stand fest, wenn überhaupt ein Mandat, dann ein Bundestagsmandat.

Den Kurs Ludwig Erhards habe ich sehr genau verfolgt: Erhard konnte sich in vielen Dingen nicht durchsetzen, aber in einigen sehr wichtigen Dingen natürlich wohl. Er konnte zum Beispiel das Kartellgesetz mit dem strikten Kartellverbot, § 1 des Kartellgesetzes, durchsetzen. Da musste er sich durchsetzen gegen Bundeskanzler Konrad Adenauer und gegen Fritz Berg, den Präsidenten des Bundesverbandes der Deutschen Industrie. Das war eine schwierige Auseinandersetzung. Ich stand, damals hatte ich ja mit der Politik unmittelbar noch nichts zu tun – auf der Seite von Ludwig Erhard, der eben für Wettbewerb eintrat.

Trotz Drängens von Adenauer hat sich Ludwig Erhard während der Korea-Krise nicht auf Rohstoffbewirtschaftung eingelassen. Das war mindestens die zweitmutigste Entscheidung, die er in seiner Karriere getroffen hat. Diese Entscheidung hat dazu beigetragen, dass uns auch in dieser Zeit freies Wirtschaften und Handeln möglich war. Ludwig Erhard hat zum Zustandekommen der Währungsreform und der DM entscheidend beigetragen. Es gibt die berühmte Unterhaltung, Erhard war damals Direktor des Zweizonen-Wirtschaftsrates und wurde von General Clay herbeizitiert: »Herr Professor, Sie haben mir meine, unsere Preisregelungsvorschriften eingeschränkt.« Daraufhin sagte Erhard: »Nein, Herr General, ich habe sie nicht eingeschränkt, ich habe sie abgeschafft.«

Das war die Haltung, die uns fasziniert hat und die wir

uns angehört haben und die dann auch dazu beigetragen hat, dass mein positives Urteil für diese Wirtschaftsordnung gefallen ist. Diese Wirtschaftsordnung hat mir auch die Chance gegeben, aus der Situation eines Kriegsbeschädigten mit einer alten Wehrmachtsuniform und vierzig Mark Rente zu dem zu werden, was ich am Ende geworden bin.

Kurt Biedenkopf

Kurt Biedenkopf studiert ab 1949 in North Carolina Politikwissenschaften. Ab 1950 studiert er in München und anschließend in Frankfurt am Main Jura und Volkswirtschaftslehre. Er promoviert 1958

Die Ungleichheiten der Gesellschaft waren wesentlich geringer. Nie war die Gesellschaft in Deutschland so homogen wie nach dem Krieg bis zum Abschluss der Zeit, in der Westdeutschland rund dreizehn Millionen Flüchtlinge integriert hat. Diese Flüchtlinge kamen in ein zerstörtes Land, aber sie brachten eine ungeheure Kraft mit. Dass sich Westdeutschland so entwickelte, hat nicht nur mit der Wirtschaftskraft der westdeutschen Bevölkerung zu tun, sondern mit dem zunehmenden Transfer von industriellen und wirtschaftlichen Aktivitäten aus der damals noch offenen sowjetischen Zone, vor allem mit dem Zuzug der Eliten. Die Flüchtlinge haben sich ohne Rücksicht auf protestantische und katholische Regionen im Land niedergelassen, sie haben die Gesellschaft wirklich durchgemischt. So entstand eine Gesellschaft, die geeint war erstens durch eine sehr hohe Solidaritätsleistung und zweitens durch den Aufbauwillen.

Nur so ist zu erklären, dass die alte Bundesrepublik

Deutschland Mitte der 60er Jahre sagen konnte: »Wir haben das Land im Wesentlichen aufgebaut, wir haben die Kriegsschulden bezahlt soweit wir sie bezahlen mussten, wir haben den Lastenausgleich finanziert, wir haben die Wiedergutmachungsleistungen an Israel finanziert, wir haben die Infrastruktur erneuert und wir haben keine Schulden.

Die CDU hat sich im sozialpolitischen Teil ihrer Düsseldorfer Leitsätze von 1949 für eine umfassende Sozialpolitik ausgesprochen. Das Ziel dieser Sozialpolitik sei, die breiten Schichten des Volkes für die neue Ordnung zu gewinnen. Damit hat sie der Sozialpolitik einen Integrationsauftrag gegeben. Nicht einen Auftrag, der lautet: »Die Starken kümmern sich um die Schwachen«, was dann später in Parteiprogrammen stand, sondern einen Integrationsauftrag. Dieser Integrationsauftrag war im engeren Sinne des Wortes kein sozialpolitischer mehr, sondern er umfasst eigentlich alle. Damals hat man dafür sechzehn Prozent des Bruttoinlandsproduktes in Anspruch genommen, heute nehmen wir 34 Prozent in Anspruch. Obwohl das BIP sich real verfünffacht hat bis zur Wiedervereinigung.

Aber wir haben die Sozialpolitik nie im eigentlichen Sinne des Wortes begrenzt. Wir haben sie als eine Art Volksversorgung organisiert. Das hat am Anfang keine großen Probleme bereitet. Aber man hat es dann auch beibehalten, als die Haushalte ihre eigene Leistungsfähigkeit steigerten.

Das heißt, man hat den zunehmenden Wohlstand nicht als Chance gesehen, die Selbstverantwortungsfähigkeit der Bürger zu erhöhen. Das war die Idee Ludwig Erhards. Erhard meinte mit »Wohlstand für alle« nicht, dass es allen immer besser geht. Sondern er wollte, dass der höhere Wohlstand die Menschen befähigt, mehr Eigenverantwortung zu tragen. Er war völlig zu Recht der Meinung, dies sei die Voraussetzung für eine freiheitliche Zivilgesellschaft. Das ist aber nicht gelungen. Erhard behauptete später, er könne gar nicht verstehen, dass mit dem wachsenden Wohlstand der Ruf nach staatlichen Leistungen immer lauter wird. Er hat sich das genau andersherum vorgestellt.

Edzard Reuter

Edzard Reuter legt 1955 an der FU Berlin das Große juristische Staatsexamen ab. 1957 wechselt er in die Wirtschaft und arbeitet zunächst als Prokurist bei der Ufa in Berlin, anschließend bei Bertelsmann in München

Das Wirtschaftswunder spielte sich bei mir zunächst einmal darin ab, dass ich, nachdem mein Vater 1953 gestorben war, ein Erbstück übernehmen konnte, er konnte sich nämlich einen ersten VW Käfer kaufen. Da war er gewaltig stolz darauf. Und da meine Mutter nicht fuhr, durfte ich diesen Käfer benutzen als erstes Auto.

Die Menschen hatten plötzlich wieder Arbeit. Sie hatten Heizung und Nahrung, konnten sich wieder kleiden. Das ging ja alles im Erleben derjenigen, die jung waren, wahnsinnig schnell nach vorne. Deswegen habe ich nie bezweifelt, dass Marktwirtschaft das Richtige ist.

Man konnte plötzlich wieder in den Urlaub fahren. Eine meiner ersten Urlaubsreisen war ins Kleine Walsertal. Überhaupt diese Möglichkeiten, sich wieder frei zu bewegen, von Berlin aus schwierig, weil man zuerst immer irgendwo hin fliegen musste, aber dann konnte man sich frei bewegen. Oder man konnte mit dem Auto durch die Zone fahren. Diese Mobilität war eigentlich für mich das Wirtschaftswunder.

Es war ein Prozess, den man staunend, aber fast auch als gottgewollt, als selbstverständlich hingenommen hat, dass es immer besser wird. Man hat ja gearbeitet. Ich habe nach einigen Anfangsmühen einen Job gehabt. Mein erstes Gehalt, das war glaube ich 900 Mark im Monat, war nicht üppig, aber wenn man ein bisschen sparsam mit dem Geld umging, konnte man sich eines nach dem anderen zulegen. Das erste Grundig-Radio und ähnliche Sachen, das war das Wirtschaftswunder, es ging einher mit knallhartem Arbeiten, aber das machte ja Spaß.

Franz Steinkühler

Franz Steinkühler absolviert eine Ausbildung zum Werkzeugmacher. Weil die Familie nicht genug Geld für ein Studium des Sohnes hat, blieb ihm ein Studium verwehrt. Als Lehrling stößt er zur IG Metall

1951 fing ich als 15-Jähriger eine Lehre an und bin im gleichen Jahr durch einen Zufall zur IG Metall gekommen. Damals eine Lehrstelle zu finden war schwierig, es gab in Göppingen viele Arbeitslose und keine Lehrstellen. Ich wollte unbedingt Werkzeugmacher werden, habe dann durch meines Vaters Hilfe auch eine Lehrstelle erhalten, kam in den Betrieb, und ungefähr nach sechs Wochen gab es eine Betriebsversammlung. Ich wusste noch nicht, was das ist, aber da redeten zwei Herren, einer im »blauen Anton«, so wie ich, und einer, der mir damals, ich war fünfzehn Jahre alt, sehr elegant und sympathisch erschien, taubengrauer Anzug, graue Haare.

Dann war Diskussion und keiner meldete sich und ich dachte, das geht ja nicht. Ich habe mich gemeldet und wahrscheinlich irgendeinen Unsinn erzählt. Auf jeden Fall ist nach mir der Herr mit dem taubengrauen Anzug wieder ans Rednerpodium gegangen und sagte: »Herr Steinkühler!« Mir schwoll die Brust, in meinem ganzen Leben hatte noch nie jemand Herr zu mir gesagt. Und dann wurde ich abgewatscht, ich sei noch viel zu jung, um mitreden zu können, und dafür gab es Beifall. Das hat mich fürchterlich gefuchst.

Da habe ich mich wieder gemeldet und habe erklärt: »Herr Schmidt, es stimmt schon, ich bin noch jung, aber das ändert sich. Aber Sie sind alt und haben graue Haare, und das ändert sich nicht mehr.« Ich meinte das weder böse noch beleidigend, aber bums war ich fristlos entlassen.

Ich traute mich dann nicht nach Hause, weil die Lehrstelle so schwierig zu kriegen war, und kam dann zur IG Metall. Da war in Göppingen gerade ein neuer Bevollmächtigter, der ist damals aus dem Vorstand rausgeschmissen worden, weil er Kommunist war. Dieser Bevollmächtigte hieß Willi Bleicher, und er brachte mich wieder in den Betrieb rein. So wurde ich Gewerkschaftsmitglied, später Jugendvertreter, später Betriebsrat, und dann ging die Laufbahn los.

Das so genannte Wirtschaftswunder – wir hatten das Gefühl, es ist eigentlich alles prima. Es ist zwar nicht gerecht, aber jedes Jahr geht es uns ein Stückchen besser. Es gibt andere, denen geht es schneller besser als uns. Es war, als ob man in zwei unterschiedlich schnellen Aufzügen steht. Man sah zwar, dass die Abstände größer werden, aber uns ging es auch besser.

Ich glaube, es gab damals auch eine sehr optimistische

Stimmung in der Arbeitnehmerschaft und in der Gesellschaft. Es hatte Perspektive, es ging vorwärts. Man musste zwar hart arbeiten, aber es hat sich gelohnt. Es war keine Zukunftsangst vorhanden, die heute junge Menschen prägt, die Angst haben, keinen Job zu bekommen. Das ist eine fürchterliche Situation, das gab es damals nicht. Ab 1951 nahm die Arbeitslosigkeit ab, man hat jedes Jahr besser verdient. Als die 45-Stunden-Woche eingeführt worden ist, das war wirklich ein radikaler Bruch. Wir haben vorher sechs Tage in der Woche gearbeitet, 48 Stunden, einschließlich Samstag. Und da man kein eigenes Bad hatte, ist man dann Samstagabend ins Stadtbad gegangen, hat ein Wannenbad gemietet, und am Samstagabend spät fing das Wochenende an; das dauerte nur Sonntag. Als die 45-Stunden-Woche kam, ist die Arbeitszeit verlegt worden auf fünf Tage à neuneinhalb Stunden, und man ging Freitagabend ins Wannenbad und Freitagabend fing das Wochenende an.

Und plötzlich hat sich das Bild in der Stadt verändert: Wir sahen, dass Männer mit zum Einkaufen gingen. Diese Verkürzung der Arbeitszeit von 48 auf 45 Stunden hat einen gesellschaftlichen Wandel bedeutet, der auch Männern die Chance gab, mehr am Familienleben teilzuhaben. Heute kann ich sagen, die ganze Reisebranche gäbe es ohne uns gar nicht. Wenn wir nicht sechs Wochen Urlaub durchgesetzt hätten und Urlaubsgeld, könnten die alle zumachen. Die gewerkschaftliche Arbeit hat schon sehr dazu beigetragen, nicht nur den Lebensstandard der Arbeitnehmer zu verbessern, sondern das gesellschaftliche Leben insgesamt zu verändern.

Hilmar Kopper

Hilmar Kopper beginnt 1954 eine Banklehre, weil schon der ältere Bruder studierte. 1957 schickt ihn die Deutsche Bank für ein Jahr nach New York

Ich bekam 48 DM im Monat, das war mein Lehrgeld. Davon konnte man nicht leben, aber auch nicht sterben. Banklehre sagte mir eigentlich gar nicht zu, ich wollte sehr gerne Physik studieren. Das ging aber nicht, weil mein älterer Bruder schon studierte. Zwei konnten nicht. Und dann habe ich gesagt: OK, nach dem Motto: Banklehre schadet nicht. Das war ein Wort meines Vaters, das ich nie vergessen werde.

Eigentlich wollte ich die Bank gleich nach der Lehre verlassen. Dazu ist es dann gar nicht mehr gekommen, weil es so viele andere Möglichkeiten in der Bank gab. Das war halt der Vorteil unserer Generation. Ich bin in der Bank geblieben, weil man mir in Aussicht stellte, ich würde, wenn ich noch ein Jahr als Angestellter arbeitete, ins Ausland geschickt und ich sei vorgesehen für London. Daraus wurde dann New York. Ich bin also 1957 relativ früh, was überhaupt nicht üblich war, für ein Jahr nach New York gegangen. Das war eine prägende Zeit für einen jungen Menschen. Man bekam einen völlig anderen Horizont: man guckte zum ersten Mal von draußen aus großer Entfernung zurück auf sein Land und dessen Probleme.

Wir machten uns überhaupt keine Zukunftssorgen. Das hing auch mit der spezifischen Situation zusammen. Man muss sich vorstellen, ein junger Mensch, Mitte zwanzig, schaut im eigenen Unternehmen nach oben und sieht den Himmel, weil die Hierarchiestufen über uns so ausgelichtet waren durch den Krieg. Man konnte sich vorstellen, wenn das Wachstum der Wirtschaft so weiterging, würde man neue Führungskräfte alsbald brauchen, und dass wir Jungen sicherlich eine Chance hätten. Und die hatten wir ja auch bekommen. Wir mussten sie nur ergreifen wollen.

Karl Otto Pöhl

Karl Otto Pöhl tritt 1948 in die SPD ein. Er studiert Wirtschaftswissenschaften in Göttingen und schließt 1955 das Studium als Diplomvolkswirt ab

Nach allem, was man heute über Adenauer weiß, haben ihn wirtschaftspolitische Konzepte nicht so wahnsinnig interessiert. Das stand bei ihm nicht an erster Stelle. Für ihn kam die Westintegration der Bundesrepublik an erster Stelle. Das war eben ein Glücksfall, dass wir mit Adenauer und Erhard zwei Männer an der Spitze hatten, die unterschiedlich waren, aber beide die richtigen Entscheidungen getroffen haben.

Die Entscheidung, die so genannte »Soziale Marktwirtschaft« einzuführen, also die Bewirtschaftung aufzugeben und ein liberales Wirtschaftssystem mit freier Konvertierbarkeit der Währung einzuführen, diese Entscheidung hat eine unglaubliche Wirkung gehabt. Es ist eine ganz große Tat Ludwig Erhards und seiner Leute gewesen, den Mut zu haben, praktisch aus dem Nichts heraus, diesen Schritt zu wagen.

Es kam dann der Korea-Krieg. Das war natürlich auch eine schwere Probe aufs Exempel. Und es gab ja viele damals, auch in der CDU, die Erhard gedrängt haben, die Bewirtschaftung wieder einzuführen und gesagt haben: »Jetzt ist Krieg und das geht nicht gut.« Er hat also das durchgehalten, mutig wie er war, und vielleicht auch etwas optimistisch von Natur aus. Jedenfalls war das eine entscheidende Tat und hat uns ja auch den wirtschaftlichen Aufschwung gebracht zusammen mit anderen Faktoren. Aber der Aufschwung der deutschen Wirtschaft wäre ohne diese Befreiung von den Zwängen nicht passiert.

Meinhard Miegel

Meinhard Miegel studiert ab 1958 Soziologie, Rechtswissenschaften und Philosophie u. a. an der Georgetown University in Washington, D.C. Dort macht er 1961 seinen Bachelor of Arts

Aus meiner Sicht war die Rentenreform von 1957 der erste große Sündenfall der Bundesrepublik Deutschland. Politiker wie Ludwig Erhard liefen gegen diese Reform Sturm. Insbesondere kritisierten sie die geplante Dynamisierung der Renten. Ihnen schwebte stattdessen eine umlagefinanzierte Grundsicherung vor, die durch private Vorsorgeformen ergänzt werden sollte. Diese private Vorsorge sollte parallel zum Wirtschaftswachstum ausgebaut werden. Wäre Erhard erfolgreich gewesen, hätten wir heute im Bereich der Alterssicherung kaum Probleme. Doch Erhard unterlag. Konrad Adenauer wollte die nächste Wahl gewinnen und präferierte deshalb ein System, das rasch Geld in die Taschen des alten Bevölkerungsteils spülte. Er votierte für die dynamisierte Rente mit der der individuelle Lebensstandard der Versicherten gewährleistet werden sollte. Unter dieser Entwicklung leiden wir heute. Entsprechendes gilt für den Gesundheitsbereich, die Arbeitslosenversicherung und die Pflegeversicherung. Die Pflegeversicherung ist so eine Art Todeskuss für das gesamte Sozialsystem.

Alle Parteien waren sich darin einig, dass der Sozialstaat die Menschen bei allen Fährnissen des Lebens vor Armut bewahren müsse. Dies sollte durch gesetzlich geregelte, kollektive und umlagefinanzierte Systeme geschehen. Das Problem war der Umfang dieser Systeme. Sollten sie dynamisiert oder nicht dynamisiert werden? Für Ludwig Erhard war die Dynamisierung ein »Giftzahn«, den er gezogen sehen wollte. Er hat sich damit nicht durchgesetzt. Nicht nur wurden die Renten an die allgemeine wirtschaftliche Entwicklung angepasst, sondern darüber hinaus wurde insbesondere in den siebziger Jahren auch noch der Empfängerkreis ausgeweitet und es wurden Leistungen erbracht, die ursprünglich gar nicht vorgesehen waren. Die Folge davon war, dass schon gegen Ende der 70er Jahre das System nicht mehr im beabsichtigten Umfang finanzierbar war. Von Konrad Adenauer wird kolportiert, dass er 1957 bei der Reform der gesetzlichen Altersrente darauf hingewiesen wurde, dass diese nur unter ganz bestimmten Voraussetzungen funktionieren werde. Er soll daraufhin gefragt haben, wann denn ein Kollaps eintreten könne. Als ihm geantwortet worden sei, »in etwa vierzig Jahren«, soll er abgewinkt und gesagt haben: »Das interessiert mich nicht.«

Heinz Dürr

Heinz Dürr beginnt 1954 ein Maschinenbaustudium an der TH Stuttgart. Er muss das Studium 1957 abbrechen, um im Familienunternehmen zu arbeiten

Ich habe während meiner Schulzeit immer wieder während der Ferien in der väterlichen Firma mitgearbeitet. Als die erste Werkzeugmaschinenmesse nach dem Krieg in Paris stattfand, ist mein Vater in die Schule gekommen und hat gesagt: »Ich brauche meinen Sohn für acht Tage, ihr müsst ihm freigeben, denn er kann Französisch und ich muss da einen haben, der Französisch kann.«

Die Firma Dürr war in der Blechverarbeitung für die Werkzeugmaschinenindustrie tätig. Außerdem gab es die Flaschnerei, wie das im Schwäbischen heißt, also Spenglerei, die hat Dächer aus Zink und Kupfer gemacht. Da gab es nach dem Krieg natürlich einen Riesenbedarf. In den 50er Jahren hat mein Vater sich auf den Apparatebau, Lackier- oder Vorbehandlungsanlagen für die Automobilindustrie, spezialisiert. Dieser Bereich der Firma Dürr hat dann konkurriert mit der Flaschnerei, aber die Mannschaft hat gesehen: jetzt bewegt sich etwas. Die Automobilindustrie war ja groß im Kommen. Mein Vater hat die Kunden überzeugt, dass unsere Anlagen die besten Anlagen waren. Wir waren ja so klein und die anderen so groß, doch die großen waren arrogant, so dass wir es relativ leicht hatten. Arroganz eines Marktführers, das kann eine Firma umbringen. Heute sind die anderen nicht mehr da. Aber den Dürr gibt's noch.

Wir hatten damals eine Anlage verkauft nach Indien, die musste dort montiert werden, und die Firma Dürr hatte keinen, der Englisch konnte. Da haben sie mich nach Indien geschickt, ich war noch im Studium. Rückblickend muss ich sagen, ich hätte außerhalb Stuttgarts studieren müssen, dann hätte ich das Studium beendet. Aber als unser Ingenieur 1957 einen Herzinfarkt erlitten hat, da habe ich das Studium abgebrochen, um ihn in der Firma als technischen Leiter zu ersetzen. Ich habe auch früh geheiratet, meine Frau bekam nach einem Jahr ein Kind. Alles in allem: eine typische schwäbische Unternehmerlaufbahn.

Norbert Walter

Norbert Walter blickt heute auf die Rentenreform von 1957 zurück

Schon in der bruttolohnbezogenen Rente von 1957, die von einer CDU-Regierung auf den Weg gebracht wurde, hat sich ein Stück der Philosophie einer patriarchalischen Daseinsvorsorge durch den Staat manifestiert. Der Versuch Ludwig Erhards, dies auf ein Minimum zu begrenzen, ist regelmäßig an den politischen Wirklichkeiten, auch denen seiner eigenen Partei, gescheitert. Das Rentenmodell schien bezahlbar zu sein, weil Vollbeschäftigung herrschte und die Bevölkerung sich in geradezu idealer Weise entwickelte, also immer neue Beitragszahler hinzukamen und die Leistungen aus den Versprechungen vergleichsweise begrenzt blieben. Das hat sich erst ab den 70er Jahren geändert.

Bert Rürup

Bert Rürup studiert in den 60er Jahren in Hamburg und Köln wirtschaftliche Staatswissenschaften. Sein Lehrer ist unter anderen der Erhard-Berater Alfred Müller-Armack. In den Seminaren wird leidenschaftlich über die Wirtschaftsentwicklung der 50er Jahre diskutiert

Ob es ein Wirtschaftswunder war, da ist man als Wissenschaftler immer zweifelnd, allerdings verliefen ökonomische Erholung und Aufstieg der jungen Bundesrepublik außerordentlich schnell. Wenn wir vergleichen, wie sich die Wirtschaftskraft bei den Siegermächten damals entwickelt hat im Vergleich zu der Entwicklung in der Bundesrepublik, war es ein Wirtschaftswunder.

Es war einerseits der Mut, insbesondere Ludwig Erhards, mit der neuen Währung auch ein freies Preissystem einzuführen. Und natürlich hatten wir Ende der 40er Jahre einen sehr hohen aufgestauten Bedarf, allerdings hatten wir auch gehortete Waren. Hinzu kam die Hilfe durch den Marshallplan: Das war ein gigantisches, keynesianisches Beschäftigungsprogramm, welches auf freie Kapazitäten und hochmotivierte und hochqualifizierte Arbeitnehmer und Unternehmer stieß.

Aus heutiger Sicht würde man vielleicht sagen, dass die Einführung der umlagefinanzierten dynamischen Rente 1957 als einschichtiges Vollversorgungssystem wohl ein Fehler war. Wenn man heute auf der »grünen Wiese« ein Rentensystem aufbauen würde, würde man sich wahrscheinlich für ein universalistisches System entscheiden, welches für alle Erwerbstätigen eine Basissicherung gewähren würde. Man würde ein Schichtmodell einführen, in dem die Basis umlagefinanziert ist und darauf hätte man Betriebsrenten oder private kapitalgedeckte Ergänzungssysteme gesetzt.

Allerdings ist die gesetzliche Rentenversicherung so etwas wie das Identifikationsobjekt, das vor allem die älteren Deutschen mit dem Sozialstaat verbinden. Seit 1889 ist nur in einem einzigen Monat die gesetzliche Rente einmal nicht gezahlt worden. Das war in dem Monat nach dem Zusammenbruch des Dritten Reiches, sonst hat dieses System eigentlich immer funktioniert. Wenn es eine Institution gab, auf die man sich verlassen konnte, dann war es die Gesetzliche Rentenversicherung.

Aber im Nachhinein ist man immer klüger. Man konnte damals in der Tat nicht absehen, wie sich die Gesellschaft entwickeln würde – dass die Menschen in Deutschland erfreulicherweise immer älter werden und weniger Kinder bekommen. In der damaligen Zeit musste man sich gegen ein Kind entscheiden, heute muss man sich für ein Kind entscheiden. Man kann den Gründungsvätern eigentlich nicht anlasten, dass sie den pharmakologischen Fortschritt und diese Veränderung im Reproduktionsverhalten nicht vorhergesehen haben.

In der Tat hat man im Laufe der Zeit auch gravierende Fehler gemacht. Man hat in den frühen 70er Jahren einen vorgezogenen Renteneintritt ohne Abschläge bei den Rentenzahlungen zugelassen. Man hat die Vollbeschäftigung auf lange Zeit fortgeschrieben und dann im Vorgriff Einnahmen ausgegeben, die man glaubte zu erzielen.

Paul Kirchhof

Nach Ansicht des Steuerrechtlers Paul Kirchhof reichen die Wurzeln des komplizierten deutschen Steuersystems bis in die Nachkriegszeit zurück. Die Chance, das System zu vereinfachen, wird seit den 50er Jahren immer wieder vertan

Das deutsche Steuersystem hatte nach dem Zweiten Weltkrieg einen extrem schlechten Start. Damals haben die Alliierten uns gezwungen, Regelsteuersätze von 90 bis 95 Prozent zu erheben. Bei einer solchen Steuerbelastung kann keine Wirtschaft florieren, schon gar nicht eine kriegsgeschädigte Industrie auf die Beine kommen. Deswegen blieb uns von 1946 bis 1951 nur eines übrig: Die ungewöhnlich hohen Steuersätze zu akzeptieren, aber die Bemessungsgrundlage so löcherig zu machen, also so viele Ausnahmen vorzusehen, dass nur das halbe Einkommen besteuert wurde. Und wenn 95 Prozent auf das halbe Einkommen angewendet werden, sind es 47,5 Prozent, das ist dann erträglich.

Seit 1951 hätte unser Parlament die Freiheit gehabt, diese Torheiten, überhöhte Steuersätze und löcherige Bemessungsgrundlage, wieder in Ordnung zu bringen. Wir haben aber das Gegenteil getan. Der Gesetzgeber hat damals angefangen, viel intensiver als bisher das Steuerrecht nicht nur als Finanzierungsinstrument zu nutzen, sondern auch als Lenkungsinstrument. Er sagt also dem Bürger, was er zu tun hat, und gibt ihm per Steuervorteil einen Anreiz, möglicherweise auch etwas ökonomisch Unvernünftiges zu tun. Dieses Spiel hat sich permanent über Jahrzehnte fortgesetzt. Die Politik hat sich daran gewöhnt, dass sie Geschenke gibt, also

Ausnahmen und Begünstigungen vorsieht, wenn der Bürger sich in bestimmter Weise verhält. Dafür erwartet sie vom Wähler Applaus.

KAPITEL 4

Die 60er Jahre: Von Erhard bis Emanzipation, die reiche Republik verändert sich

Der große Tag...
... endlich VW-Besitzer!
VW 30052

Ein altes Sprichwort sagt, dass die erste Generation das Vermögen erwerbe, die zweite es mehre und bewahre und die dritte es verschleudere. Als die zweite Generation der Nachkriegspolitiker an den Start geht, scheint sie dem Sprichwort zu gehorchen. Die Wirtschaft wächst robust, da möchte man auch etwas für die weniger Starken der Gesellschaft tun. Von 1950 bis 1964 vervierfacht sich die bundesdeutsche Wirtschaftskraft, die Summe der Sozialleistungen aber hat sich im gleichen Zeitraum verfünffacht. Man hatte Millionen Flüchtlinge integriert; und der Strom von Facharbeitern und Handwerkern, der bis zum Bau der Mauer im August 1961 im Westen Zuflucht und Auskommen suchte, wurde von der Wachstumsmaschine Deutschland umgehend aufgesogen. Italiener, Griechen und Spanier wurden rekrutiert, um den Arbeitskräftemangel zu lindern – in der Hoffnung, dass die Fremden nach dem Ende ihrer Verträge mit den ersparten D-Mark wieder in die Heimat verschwinden würden. Doch das ökonomisch so leistungsfähige Gebilde, in dem die Samstagsarbeit reduziert wird und die Löhne klettern, muss ganz andere Konflikte durchstehen. Abseits von Kaltem Krieg und Kuba-Krise müssen sich demokratische Strukturen in der SPIEGEL-Affäre bewähren. Das Parteiensystem muss Adenauers zähes Festhalten am Amt und seine erzwungene Übergabe an den ungeliebten Erhard managen. Und die brave SPD läuft sich unter dem zweimal gescheiterten Spitzenkandidaten Willy Brandt in der Großen Koalition für die Richtlinienkompetenz warm. Pech für die marktwirtschaftlich geläuterten Sozis, dass ausgerechnet sie den Kopf für Notstandsgesetze und Wachstumsdelle 1967 hinhalten müssen. Und so vom akademischen Nachwuchs, der skandierend durch die Straßen zieht, nur noch bedingt als Partner akzeptiert werden.

Helmut Schmidt

1961 übernimmt Helmut Schmidt in Hamburg den Posten des Innensenators und legt 1962 sein Bundestagsmandat nieder. Während der Hamburger Flutkatastrophe 1962 wirkt er als umsichtiger Krisenmanager. 1965 kehrt er in den Bundestag zurück und wird 1967 Vorsitzender der SPD-Fraktion

Mitte der 60er Jahre hatten wir es mit einer aus heutiger Sicht glimpflichen kleinen Rezession und mit ein bisschen Arbeitslosigkeit zu tun. Das war man aber damals überhaupt nicht gewohnt. Seit der Währungsreform 1948 war es immer aufwärts gegangen, es hatte keine Arbeitslosigkeit gegeben, im Gegenteil, man holte sogar Arbeitskräftc aus dem Ausland nach Deutschland. Die erste Aufgabe der Großen Koalition unter Kanzler Kurt-Georg Kiesinger war, diese Rezession Mitte der 60er Jahre zu bewältigen. Wirtschaftsminister Karl Schiller von der SPD und Finanzminister Franz Josef Strauß von der CSU haben damals diese kleine Rezession im Handumdrehen erledigt.

Nachträglich kann man heute klar erkennen, dass die Große Koalition einen schweren Fehler zu verantworten hat. Unter Führung von Schiller und Strauß hat man drei so genannte Gemeinschaftsaufgaben ins Grundgesetz hineingeschrieben. Das Wort Gemeinschaftsaufgabe meint, dass die damals elf Länder und der Bund gemeinsam diese Aufgabe lösen sollten, zum Beispiel die Hochschulfinanzierung. Und gleichzeitig bekam der Bund das Recht zur Rahmengesetzgebung. Das Hochschulrahmengesetz ist seitdem immer wieder geändert worden und hat zu einer schrecklichen Mischverantwortung geführt. Wir haben die Mischverantwortungen und Mischfinanzierungen bewusst eingeführt, weil wir sie für einen wichtigen Fortschritt hielten. Aber es war ein schwerer Fehler, der außerdem zusätzliche Bürokratie hervorgerufen hat. Damals hat das niemand vorhergesehen.

Die so genannte Studentenrevolte der 68er in Deutschland ist keine Folge der Großen Koalition, das ist abwegig. Sie ist auch nicht nur im eigenen Land entstanden, sondern zunächst in USA als Reaktion auf den Vietnamkrieg. In Amerika galt damals noch Wehrpflicht, deshalb begann die Studentenrevolte an den amerikanischen Universitäten. Dann ist sie über den Atlantik herübergeschwappt zunächst nach Frankreich und Belgien, dann nach Deutschland. Aber sie hat hier ihre Eigengesetzlichkeit entwickelt, zum Teil ins Extrem gehend – der extremste Ausläufer in Deutschland war die RAF. Andere sind inzwischen erwachsen geworden, haben ihre intellektuelle Pubertät hinter sich gelassen und sind heutzutage sogar Bundesminister.

Richard von Weizsäcker

Richard von Weizsäcker ist 1963 bis 1967 persönlich haftender Gesellschafter bei C. H. Boehringer in Ingelheim. 1966 wird er in den CDU-Bundesvorstand und 1969 in den Bundestag gewählt

Die Leistung der Großen Koalition habe ich immer höher eingeschätzt, als es dem durchschnittlichen Urteil der damaligen und nachfolgenden Zeit entsprach. Meine eigenen Themen waren die so genannte Deutschlandpolitik und die Außenpolitik. Ich habe 1969 vor allem deswegen für ein politisches Mandat kandidiert, weil mein zentrales Thema die Frage war: »Wie können wir mit unseren ehemaligen Kriegsgegnern im Osten zu ersten Kontakten kommen?« Das hieß vor allen Dingen mit Polen. Das lief in der Großen Koalition in Richtung auf eine Entspannungspolitik voran, an der ich aktiv mitarbeitete.

Die Zusammenarbeit zwischen den Bereichen Finanz und Wirtschaft hat in der Großen Koalition gut funktioniert, mit Wirtschaftsminister Karl Schiller und Franz Josef Strauß als Finanzminister. Die Wachstumsraten in dieser Zeit lagen bei mehr als fünf Prozent, und die Arbeitslosigkeit lag bei einem halben Prozent. Das war schon fast überbordende Vollbeschäftigung. Das verbinde ich eben auch mit der Zeit der Großen Koalition.

Es ging dann später anders weiter, denn aus dieser sehr günstigen Wachstums- und Beschäftigungslage entstand ziemlich rasch nach der Großen Koalition eine Art von Euphorie, die eine Versuchung zu allen möglichen Dingen wurde, was sich dann langfristig nicht wirklich bewährt hat. Aber in der Großen Koalition war die Wirtschafts- und Finanzpolitik zusammen erfolgreich vertreten durch die beiden großen Parteien, die dort zusammensaßen.

Klaus von Dohnanyi

Klaus von Dohnanyi wird 1968 Staatssekretär im Wirtschaftsministerium von Karl Schiller. 1969 wird Dohnanyi in den Bundestag gewählt

Klaus Dieter Arndt, sein parlamentarischer Staatssekretär, hat zu Karl Schiller gesagt: »Da ist einer, der würde Sie vielleicht interessieren, denn der hat Interessen, die gehen über den sozialdemokratischen Teilhorizont der Gesellschaft hinaus, und hat auch andere Erfahrung.« Dann hat Schiller mich gebeten, doch mal nach Bonn zu kommen. Ich habe eine halbe Stunde bei ihm gesessen, und dann hat Schiller gesagt: »Wollen Sie Staatssekretär werden?« Ich habe gesagt: »Ja!«

Das war im März 1968. Da stand natürlich viel auf der Agenda des Ministeriums. Das war mitten in der so genannten konzertierten Aktion und dem Versuch, die Kräfte auf der Arbeitgeber- und Arbeitnehmerseite immer wieder zu bündeln. Kurz darauf stand die Frage an, ob die D-Mark nicht aufgewertet werden müsste. Wir hatten zwar hohe Exporterfolge, aber mit einer zu niedrigen D-Mark, die uns deswegen zu wenig Geld ins Land zurückbrachte. Das hat dann in der Wahl 1969 eine entscheidende Rolle gespielt.

Kurt Biedenkopf

Kurt Biedenkopf lehrt ab 1964 Wirtschafts- und Arbeitsrecht an der Ruhr-Universität Bochum. 1965 wird er Mitglied der CDU. Die Studentenproteste erlebt Biedenkopf als damals jüngster Hochschulrektor der Bundesrepublik

Ich habe diese Zeit in einer geradezu idealen Situation erlebt: Ich war Rektor in Bochum, aber die Studenten, die aufbegehrten, waren höchstens fünfzehn Jahre jünger als ich. Ich habe mich vielen von ihnen sehr verwandt gefühlt. Wir haben unglaubliche Auseinandersetzungen gehabt, es war eine tolle Zeit. Nun war Bochum eine neu gegründete Universität im Ruhrgebiet und die Ruhrgebietsbevölkerung war sehr stolz auf die Universität. Sie sah es deshalb mit großer Sorge, wenn die jungen Leute über die Stränge schlugen. Als diese einmal das Rektoratsgebäude besetzt hatten, und ich Schwierigkeiten hatte, hineinzukommen, klingelte das Telefon. Der Betriebsrat eines Unternehmens rief an und fragte, wie viele Leute ich brauchte. Hätte ich sie gerufen, sie wären mit Schraubenschlüsseln gekommen, weil sie stolz waren auf die Hochschule. Aber abgesehen von Exzessen ging es im Kern um eine Auseinandersetzung, die durch die Sorge ausgelöst wurde, dass die Nachkriegsgesellschaft sich in einem reaktionären Rückzug befinden könnte, das heißt, sich nicht wirklich öffnen würde.

Es gab dann eine Zäsur, die sich allerdings in der Großen Koalition schon abzeichnete. Kanzler Willy Brandt erklärte: Nicht die Einnahmen bestimmen die Ausgaben, sondern die Ausgaben bestimmen die notwendigen Einnahmen. Sollten die Einnahmen nicht reichen, müssten

Schulden gemacht werden – vereinfacht gesagt. Die Folgen haben Karl Schiller 1972 veranlasst, das Handtuch zu werfen mit dem berühmten Ausspruch: »Genossen, lasst die Tassen im Schrank!«

Schiller hatte aber den Prozess selbst mit in Gang gesetzt. Er hatte erwartet, dass die Leute sich freiwillig begrenzen. Das schaffen die wenigsten. Eine Gesellschaft schafft das überhaupt nicht. Wenn wir die Begrenzung des Staates auf seine Aufgaben, der Familie auf ihre Aufgaben, der Unternehmen auf ihre Aufgaben, wenn wir das alles entgrenzen, dann ist jeder für alles zuständig und damit niemand mehr für etwas verantwortlich. Wenn Sie in eine solche Situation geraten, dann bekommen Sie die Art von Politik, die wir heute haben. Eine punktuelle, tagesbezogene, auf Krisen orientierte Politik.

Edzard Reuter

Edzard Reuter wechselt 1964 von Bertelsmann in München zu Daimler-Benz nach Stuttgart

Wir neigen ja immer dazu, skeptisch zu sein, wenn wir in der Retrospektive etwas betrachten. Aber ich meine, dass Ludwig Erhard einen wesentlichen Anteil an dieser Wirtschaftswunder-Geschichte gehabt hat. Er war sehr standfest, auch in seinem Verhältnis zu Bundeskanzler Konrad Adenauer, der ja nicht unbedingt ein Wirtschaftspolitiker war oder gar nichts von Wirtschaft verstanden hat. Erhard hat nicht zuletzt im Zusammenwirken mit seinem wesentlichen Ideengeber, Alfred Müller-Armack, immer gewusst, dass reine, kapitalistische Marktwirtschaft nicht ausreicht, sondern dass sie von einer vernünftigen Sozialpolitik begleitet werden muss.

Vernünftige Sozialpolitik heißt, nicht das Kind mit dem Bade auszuschütten. Also das zu tun, was möglich ist, was man sich leisten kann, aber auch das psychologische Element im Auge zu behalten. Das hat Erhard meisterhaft verstanden. Das Massenmedium Fernsehen spielte schon bald eine Rolle, und da war Erhard einer derjenigen, die davon hervorragend Gebrauch machen konnten.

Franz Steinkühler

Franz Steinkühler steigt in die Bezirksleitung der Gewerkschaft auf. Er wird Assistent des baden-württembergischen Gewerkschaftschefs der IG Metall, Willi Bleicher

Eigentlich wollte ich Ingenieur werden, habe dann die Fachschulreife gemacht und die Aufnahmeprüfung für die technische Hochschule in Esslingen bestanden, aber es scheiterte dann an den Semestergebühren. Kann man sich heute nicht mehr vorstellen. So wurde ich Werkzeugmachermeister, habe die komplette Refa-Ausbildung gemacht und war Meister, danach Leiter der Arbeitsvorbereitung und Materialeinkauf. 1963 hat mich Willi Bleicher in die Bezirksleitung geholt, weil er mich kannte und einen Mann brauchte mit genau dieser Ausbildung. So wurde ich hauptamtlicher Gewerkschaftsfunktionär.

Am 1. Mai 1963 sind wir in Baden-Württemberg zum ersten Mal ausgesperrt worden. Ich musste nach Schwäbisch-Gmünd, weil der dortige Bevollmächtigte erkrankt war, ich hatte noch keine hauptamtliche Erfahrung und musste diesen Streik leiten. Das habe ich alles ganz gut hingekriegt, und die Probleme wurden gelöst. Ein Problem war das Auszahlen der Streikunterstützung: Die IG Metall hat damals noch 10-Pfennig-Stücke ausbezahlt, und ich glaube, ich habe 1,6 Millionen Mark holen wollen. Es war für mich kein Problem, die Stückelung auszurechnen. Ich habe die Bank angerufen, wie ich die Stückelung brauche und ging dann mit zwei Aktentaschen zur Bank und wollte das Geld holen. Und da sagte der am Schalter: »Was wollen Sie hier?« »Ja, ich will das Geld holen, das ich bestellt habe.« Dann sagt der: »Kommen Sie mal mit …« Und dann hat er mich in einen Kellerraum geführt, und da lag ein ganzer Tisch voll Geld. Münzen und alles Mögliche. Ich bin wahrscheinlich ganz weiß geworden. Ich hatte keine Vorstellung, wie viel Geld das ist. Das hat dann die Bank erledigt, die Polizei hat dann das Geld dorthin gebracht, und es ging alles ganz gut.

Jürgen Hubbert

Jürgen Hubbert studiert Maschinenbau und Kraftfahrzeugwesen in Stuttgart und schließt 1965 als Diplom-Ingenieur ab. Im gleichen Jahr geht er »zum Daimler«

Ich habe sehr früh meinen Vater verloren, noch während meiner Schulzeit. Und bin dann nach meinem Abitur 1959 auf Wunsch meiner Mutter in eine Region gegangen, in der Verwandte lebten. Dann habe ich hier in Stuttgart studiert, das Land und die Menschen kennen gelernt und bin dann zum Praktikum »zum Daimler« gegangen. Ich wurde dann von den Verantwortlichen angesprochen, ob ich ins Unternehmen eintreten will und das habe ich dann am 1. November 1965 getan. Es war also mehr ein Zufall. Ich bin als Diplom-Ingenieur eingestellt worden in der Verfahrensentwicklung damals für 1 029 Mark, brutto.

In den 60er Jahren haben wir uns mit unseren Produkten an den USA orientiert. Anfang der 60er gab es die so genannte »Heckflosse«. Und das erste moderne Auto, das haben wir dann im Grunde 1968 gebaut mit dem damaligen W 115, der 200er Baureihe. Ich meine, das bekannteste Auto der damaligen Zeit war der VW Käfer, aber es gab auch die Goggomobils, es gab die Lloyds, es gab all diese Autos, die zunächst mal das Grundbedürfnis nach Mobilität erfüllt haben, und Mercedes war damals noch für viele unerreichbar.

Aber wir haben insbesondere mit den Fahrzeugen der frühen und späten 60er Jahre Anschluss gefunden an internationale Standards. Dieses Haus [Mercedes] hat immer ein primäres Ziel gehabt, nämlich höchste Sicherheit, und damit Autos zu entwickeln, die vom ersten Tag an innovativ waren in Bezug auf die Erreichung neuer Sicherheitsstandards und die Vermeidung von Unfällen. Das hat uns in den folgenden Jahren dann an die Spitze gebracht und das war das Kriterium, an dem am intensivsten gearbeitet wurde.

Heinz Dürr

Heinz Dürrs Vater zieht sich 1967 aus dem Unternehmen zurück. Das Unternehmen hat verschiedene Zweigwerke im Ausland und nennt sich »Mittelstands-Multi«

Ich habe die flexible Arbeitszeit bei Dürr schon in den 60er Jahren eingeführt. Ich habe gesagt: »Leute, arbeitet in Gruppen. Ihr müsst euch selber organisieren. Ihr bekommt die Vorgabe, in einer Woche fünf Maschinen zu bauen. Wie ihr das macht, das ist euer Problem. Wir waren da unglaublich fortschrittlich. Ich hatte auch Betriebsräte, die das mitgemacht haben. Die haben da immer die IG Metall ein bisschen rausgehalten, weil die IG Metall auf ihren Formalkram achten musste. Ich habe unser Modell damals als recht fortschrittlich empfunden.

Leute wie Hanns Martin Schleyer, das waren dann später die Leute, mit denen man nächtelang darüber diskutieren konnte, wo sich unsere Gesellschaft hinbewegt. Schleyers berühmter Satz: »Unternehmer, die sich nur um ihr Geschäft kümmern, werden sich bald um nichts mehr kümmern«, ist heute ins Hintertreffen geraten. Heute sind selten Unternehmer politisch tätig. Heute geht's nur noch ums Geld.

KAPITEL 5

1969 bis 1972: Willy Brandt und der Primat der Politik vor der Ökonomie

Ums Geld hatte sich der Polit-Profi Willy Brandt in seinen Ämtern noch nie besonders sorgen müssen. Als Regierender Bürgermeister der selbsternannten Frontstadt Berlin konnte man aus vollen Fördertöpfen schöpfen, die Bonn laufend auffüllte. Als Vorsteher des Auswärtigen Amtes konnte er weltweit für eigene Kanzler-Ambitionen werben, während sich der hochfahrende Parteifreund Karl Schiller als Wirtschaftsminister der Großen Koalition mit Globalsteuerung, Konjunkturprogrammen und dem kongenialen Finanzminister Franz Josef Strauß herumschlagen musste. Doch jetzt sitzt Strauß in der Opposition, Schiller immer noch im Wirtschaftsministerium – und Willy Brandt im Palais Schaumburg. Kanzler ist er und will mehr Demokratie wagen. Das wollen viele, die im neuen Kabinett aus Sozialdemokraten und Liberalen in der ersten und zweiten Reihe Platz nehmen. Brandt, ganz mit der Umsetzung der längst vorher konzeptionierten Politik der Verständigung mit den Staaten des Ostblocks beschäftigt, überlässt die finanziellen Details neben Schiller auch dem Parteifreund Alex Möller. Der hat vor dem Job als Finanzminister als Vorstandsvorsitzender bei einer Versicherung gearbeitet und weiß eine Bilanz zu lesen. Während Brandt in Moskau, Warschau und Erfurt Meriten erwirbt, konstatiert Möller eine Unwucht im Hauptbuch. 1971 demissioniert er. Allzweckwaffe Schiller übernimmt das vakante Ressort. Er teilt bald die Auffassungen seines Vorgängers. Brandt erhält den Friedensnobelpreis, der Kieler Sozialdemokrat Jochen Steffen ruft dazu auf, »die Belastbarkeit der Wirtschaft« zu testen – die Zukunft der SPD-Mission scheint darin zu liegen, ein friedliches Deutschland zu schaffen, in dem allgemeiner Wohlstand mit kräftigen Interventionen hergestellt wird. Dem Kabinettsstar Karl Schiller, der vielleicht auch ein wenig eifersüchtig auf die Popularität des Kanzlers schaut, fällt wenig zu den Utopien seiner Genossen ein: »Lasst die Tassen im Schrank!« beschwört er sie vergebens und reicht bei passendem Anlass den Rücktritt ein. Doch die Warnungen des schmollenden Ökonomen werden im Sommer 1972 nicht registriert. Brandt kämpft gegen Schmutzkampagnen, Misstrauensvoten und für seine Ostpolitik. Im vorgezogenen Wahlkampf spielt die Wirtschaft kaum eine Rolle: ihre Aufgabe war, still und leise bis in die Unendlichkeit zu wachsen.

Helmut Schmidt

1969 wird Helmut Schmidt Verteidigungsminister im ersten Kabinett von Willy Brandt. Nach dem Rücktritt von Wirtschafts- und Finanzminister Karl Schiller 1972 wird Schmidt dessen Nachfolger

Willy Brandt hatte am Anfang zwei erstklassige Leute zum Finanzminister und zum Wirtschaftsminister berufen: Finanzminister war Alex Möller, Wirtschaftsminister war Karl Schiller. Da brauchte er als Kanzler eigentlich selber kein Ökonom zu sein. Aber die beiden gingen im Konflikt mit anderen Kabinettsmitgliedern, deshalb kam es jetzt auf den Kanzler an. Und nun stellte sich heraus, dass nicht nur Innenminister Genscher, sondern auch Brandt bereit war, zum Beispiel die Lohnerhöhung im öffentlichen Dienst um dreizehn Prozent zu genehmigen – zu meinem Entsetzen, denn ich war damals Finanzminister.

Richard von Weizsäcker

Richard von Weizsäcker wird 1969 erstmals in den Bundestag gewählt. Er trägt dazu bei, dass die CDU/CSU-Opposition 1972 durch Stimmenthaltung die Ratifizierung der Ostverträge ermöglicht

Während des Wahlkampfes im Jahr ’69 gab es eine starke Beteiligung der Bevölkerung auch an den Parteien – es gab gewaltige Zahlen von Parteibeitritten. Man sah Schüler, die schon auf ihren Schulranzen die Parteizeichen ihrer Eltern trugen … das ging mir zu weit. Aber der Schritt dahin, dass die Demokratie eines starken bürgerschaftlichen Engagements bedarf, ist etwas Positives, was sich in dieser Zeit entwickelt hat, neben negativen Begleiterscheinungen der 68er Zeit. Dass dann zum Beispiel vor lauter Reformeifer an den Hochschulen Leute zu Professoren berufen wurden, die weder promoviert noch habilitiert waren und sich auch sonst mehr durch Begeisterung als durch wissenschaftliche Leistungen hervorgetan hatten, blieb zum Glück nur ein vorübergehender Zustand. Dennoch: Im Streit zwischen Professoren und Studenten an den Universitäten waren am Ende oft die Kultusminister mit ihrer Bürokratie die eigentlichen Sieger, nicht immer zum Wohle der Wissenschaft und Lehre.

Klaus von Dohnanyi

Klaus von Dohnanyi erlebt als Bundestagsabgeordneter den Rücktritt von Wirtschaftsminister Karl Schiller. Schillers Mahnung »Lasst die Tassen im Schrank« wird von Willy Brandt nicht gehört. Zu groß ist der Veränderungsdruck der 68er Jahre

Schiller war kein Funktionärstyp. Er war eher zurückhaltend gegenüber allen Maßnahmen, welche die Unternehmerseite unnötig einschränken würden. Seine These damals: »Wir müssen die Pferde nicht nur zur Tränke führen, sie müssen auch wieder saufen,« war ja nicht auf die Arbeitnehmerseite bezogen, also auf die sogenannte Binnennachfrage, sondern bezog sich in erster Linie auf die Unternehmer, die wieder investieren und sich wieder mutig nach vorne bewegen sollten. Ich denke, dass man in der Phase Willy Brandt, aber auch in der Phase Helmut Schmidt, in vielen sozialpolitischen Maßnahmen zu weit gegangen ist und zu wenig Flexibilität in dem System gelassen hat. Das ist auch heute noch eine Belastung für den Standort Deutschland, da müssen mehr Flexibilität, mehr unternehmensorientierte Möglichkeiten, mehr Entscheidungsspielräume geschaffen werden.

Schiller war der Star der Sozialdemokratie, und ich denke, dass die Wahl, die wir 1969 so knapp sozialliberal gewonnen haben, ohne Karl Schiller hätte gar nicht gewonnen werden können. Er war der Star des Wahlkampfes, auch mit seiner rationalen These von der Notwendigkeit der Aufwertung der D-Mark. Die Kollegen hatten gesagt: »Das versteht doch kein Mensch, das ist doch kein Wahlkampfthema.« Und Schiller, der große Redner, der verständliche Worte gefunden und von der »Selbstausbeutung der deutschen Bauern« gesprochen hat, der hat es dann wirklich verstanden, das Thema unter das Volk zu bringen.

1972 wollte Schiller eine bestimmte, eigentlich mehr währungspolitische Frage auf eine liberale Weise lösen. Andere Kabinettsmitglieder waren anderer Meinung und haben sich im Kabinett gegen den Ressortminister durchgesetzt. Daraufhin ist Karl Schiller zurückgetreten. Ich war selbst dabei in der Kabinettssitzung. Es war dramatisch, tragisch und für mich voraussehbar, dass, wenn man ihm seinen Spielraum nicht liesse, er zurücktreten würde. Ich konnte nicht verstehen, warum man ihm diesen Spielraum nicht gegeben hat.

Ich denke schon, dass Willy Brandt im Kern Außenpolitiker gewesen ist. Am Ende werden eigentlich alle Bundeskanzler Außenpolitiker, auch wenn sie zunächst sehr innenpolitisch ausgerichtet sind. Das ist ein erstaunlicher Vorgang, weil die Außenpolitik letztlich dann doch die politische Gesamtentwicklung prägt. Ich denke aber auch, dass die Euphorie der 68er einen unglaublichen Veränderungsdruck geschaffen hat. Reformen waren das ja eigentlich nicht, weil es zum großen Teil doch großer Unsinn war, was die 68er gesagt und gewollt haben. Aber dennoch gab es diesen politischen Druck, der in den Fraktionen und Parteigremien deutlich spürbar war. Als Eppler auf dem Godesberger Parteitag sagte: »Wir müssen die Belastbarkeit der Wirtschaft prüfen«, hat Karl Schiller natürlich geantwortet: »Lasst die Tassen im Schrank.« Das darf man nicht, denn wenn man sie nämlich erst einmal geprüft hat, ist es zu spät.

Diesem oft illusionären Veränderungsdruck hat Brandt, auch unter der unendlichen Belastung, unter der er auf Grund der Deutschlandpolitik stand, vielleicht zu oft nachgegeben. Oder er hat sich nicht genug zur Wehr gesetzt. Brandt war in dem Sinne kein innenpolitischer Stratege. Er wusste, dass man vieles aufbrechen musste, aber er hat sich weniger damit auseinandergesetzt, wie man das Aufgebrochene wieder anders zusammensetzt. Das hat er außenpolitisch getan, aber innenpolitisch weniger. Aber das gilt auch für andere Bundeskanzler.

Kurt Biedenkopf

Kurt Biedenkopf wechselt 1971 von der Ruhr-Universität in die Geschäftsführung des Henkel-Konzerns. 1973 wird er Generalsekretär der CDU

Willy Brandt ist nicht an der Wirtschaft gescheitert. Die Aufgabe des Bundeskanzlers ist es nicht, Wirtschaftsminister zu sein. Man scheitert an der Wirtschaft als Kanzler, wenn die Wirtschaft nicht als Teil des Ganzen sondern als das Ganze gesehen wird. Und gerade das wollte Brandt nicht. Seine Nord-Süd-Kommission war ein eindrucksvolles Beispiel dafür, wie er die Dinge sah. Die Reduktion eines Gemeinwesens auf seine wirtschaftliche, soziale und finanzpolitische Dimension hat das Ende des inneren Zusammenhalts zur Folge. Das könnten wir in Europa auch erleben.

Wenn die Europäer nicht eines Tages wieder erkennen, dass die wirtschaftliche Integration eigentlich einem ganz anderen Zweck dient, nämlich den Frieden in Europa zu sichern, sondern damit fortfahren, Europa auf die wirtschaftliche und dann bald auch noch auf die sozialpolitische und finanzpolitische Dimension zu reduzieren, und diese drei Dimensionen für die Bevölkerung nicht mehr als ständig zunehmender Vorteil erscheinen, dann ist der innere Zusammenhalt Europas gefährdet.

Edzard Reuter

Edzard Reuter erlebt den Reformprozess unter Willy Brandt als aufstrebender Manager bei der Daimler-Benz AG

Willy Brandt war ein Mensch, der sich selbst als Teil der Geschichte sah. Brandt war überzeugt, dass er in die deutsche Gesellschaft insgesamt eine neue Grundeinstellung hereinbringen könnte. Insofern kann man fast sagen, er war überzeugt davon, dass er geistige Führung ausüben könnte, obwohl das ein fragwürdiger Begriff ist. Es gab langen Streit mit Helmut Schmidt, der das immer bestritten hat, dass ein Bundeskanzler geistige Führung ausüben sollte oder dürfe, aber Willy Brandt verkörperte das in seinem Grundverständnis.

Die Gesellschaft in Deutschland sollte nach Meinung von Brandt neue Anstöße, mehr jugendlichen Impetus bekommen. Dazu gehörte eine starke soziale Komponente, aber auch in alle Bereiche der Kultur wollte er ein freiheitliches, modernes, aufgeschlossenes Klima bringen. Ich glaube, das war schon diese Mentalität, die Einstellung, es sei jetzt Nachholbedarf entstanden und das müssen wir jetzt mit einem Schlag auflösen. All diese so genannten »Reformen«, die damals eingeleitet wurden und sich hinterher als fast tödlich kostspielig herausgestellt haben, wurden damals aus einer Euphorie heraus in Gang gesetzt. Das berühmte Wort, mit dem Brandt seine erste Regierungserklärung damals beendet hat: »Mehr Demokratie wagen«, das bezog sich ja nicht nur auf reine politische Demokratie, sondern sollte in alle gesellschaftlichen Bereiche gehen, das heißt Mitbestimmung überall.

Eines der kardinalen Probleme war, dass alles in Euphorie eingeleitet wurde. Zum Beispiel bei der betrieblichen und überbetrieblichen Mitbestimmung. Das war auch der Grund, abgesehen von persönlichen Problemen, warum das Verhältnis zwischen Willy Brandt und Karl Schiller ziemlich schnell abkühlte, weil der Schiller eigentlich immer wieder als nüchterner Ökonom gewarnt hat: »Langsam, langsam mit die Pferde«, nicht!? Es war der Beginn eines äußerst gefährlichen Experimentes, weil man zu viel auf einmal versucht hat, eigentlich alles auf einmal wollte. Das kann nur erklärt werden durch die Erfolgsgeschichte der Nachkriegszeit. Da kamen ja dann die größten Ausuferungen mit Rentenreformen, die sehr kostspielig waren, mit Tarifabschlüssen, die gewaltig waren. Das spielte sich alles in dieser Zeit ab.

Franz Steinkühler

Franz Steinkühler wird 1972 Chef der IG Metall in Baden-Württemberg

Mein politisches Motiv war: Ich wollte immer denen helfen, die sich selbst nicht helfen können. Ich hatte Mut zu reden, ich hatte auch Mut zu widersprechen. Als ich im Betrieb gemerkt habe, wie Arbeiter oft geschurigelt werden und wie sie aus Angst vor Kündigungen oder aus Angst vor Nachteilen einfach das Unrecht einstecken, habe ich mich stets eingemischt. Mein Ziel war eigentlich immer denen zu helfen, die sich nicht selber helfen können. Dies habe ich als ehrenamtlicher Funktionär so gesehen, und das war mein Ziel als hauptamtlicher Funktionär. Und wie hilft man als hauptamtlicher Funktionär einem Arbeitnehmer? Indem man seine Rechte durchsetzt und indem man gute Tarifverträge macht.

Für uns war damals immer schon wichtig, natürlich, dass man viel Geld verdient, aber es war auch wichtig, wie man es verdient, unter welchen Bedingungen und Umständen. Und die Arbeitsbedingungen waren wirklich manchmal miserabel. Menschen wurden damals in einem Maße verschlissen, buchstäblich wirklich verschlissen, da hat mir das Herz wehgetan. Ich habe mir vorgenommen: Wir müssen die Arbeitsbedingungen per Tarifvertrag ändern. Es hat eine ganze Zeit gedauert, bis ich das geschafft habe, und den ersten wirklich großen Tarifvertrag, um Arbeitsbedingungen im großen Stil zu regeln, habe ich als Bezirksleiter durchgesetzt, gegen den Rat vieler meiner Kollegen. Auch Willi Bleicher hatte größte Bedenken: Er war voller Sorge, dass es nicht möglich wäre, Arbeitnehmer für andere Fragen außer

Lohn und Lebensstandard, nämlich auch für Arbeitsbedingungen, zu mobilisieren. Mit der Begründung, dass das, was ich in den Arbeitsbedingungen regeln würde, ja nicht alle Arbeitnehmer gleichzeitig betrifft. Dennoch habe ich Recht behalten: Arbeitnehmer waren, das gilt noch heute, mobilisierbar für Regelungen in Zusammenhang mit dem Arbeitsplatz. Dort drückt sie ihr Abhängigkeitsverhältnis. Und dort muss die Gewerkschaft als Hilfe in Erscheinung treten.

Hilmar Kopper

Hilmar Kopper leitet ab 1969 die Filiale Leverkusen der Deutschen Bank. Er wählt wegen der Ostpolitik Willy Brandts erstmals die SPD

Ich glaube, dass der Regierungswechsel damals nicht wegen der Person, sondern wegen der Ostpolitik für uns junge Leute ganz wichtig war. Wir wollten einen Wechsel, wir hatten gemerkt, es geht so nicht weiter in den alten Gleisen: keine Experimente, bloß nicht die Zukunft gestalten, bloß keine Realität wahrnehmen, alles mit Scheuklappen.

Und da kam eine neue Politik. Und ich muss Ihnen sagen, das war zum ersten Mal in meinem Leben, dass ich eine andere Partei gewählt habe. Sonst wäre der Wechsel auch nicht zu Stande gekommen. Es müssen tausende, hunderttausende so gedacht haben wie ich. Und es hat ja dazu geführt, dass die ganze Politik sich drehte. Hat ein bisschen gedauert, aber wo wären wir heute ohne den Wechsel von damals?

Heinz Dürr

Heinz Dürr interpretiert ein Unternehmen als »gesellschaftliche Veranstaltung«, in der sich alle Beteiligten zum Wohle des Ganzen austauschen. Er fordert »marktorientierte Industriepolitik«

Die meisten Unternehmen damals waren in den 60er Jahren sehr hierarchisch gegliedert. Ich wollte da ein gewisses »soziales Moment« hereinbringen. Ich habe mich ein paar Mal zu diesem Thema geäußert, so dass ich dann »der rote Dürr« genannt wurde. Als ich davon gesprochen habe, dass ein Unternehmen eine gesellschaftliche Veranstaltung ist, meinte einer der großen Meister in diesem Lande: »Der junge Kollege Dürr neigt da wohl zu Dingen, die sehr an Sozialismus anknüpfen!«

Ich pflegte eine gewisse Widerspruchshaltung gegen das Establishment, wie ich sie auch bei einigen anderen jungen Kollegen gefunden habe. Wir wollten es dem Establishment zeigen. Als dann in den 60er Jahren Willy Brandt Kanzler wurde, da konnte man eigentlich nicht zugeben, dass man als Unternehmer der SPD nahe steht. Aber Brandts Grundidee, »Mehr Demokratie wagen«, die haben wir schon gut gefunden. Wir haben gesagt: »Wir müssen was anders machen!« Deshalb fand ich auch, als die Mitbestimmung kam, die Grundidee richtig, dass diejenigen, die von Entscheidungen betroffen sind, diese eher mittragen, wenn sie am Zustandekommen der Entscheidung beteiligt sind.

Die Wirtschaft lief damals gar nicht so schlecht. Ich war in der Zeit oft in Russland, um dort Anlagen zu verkaufen. Willy Brandts Kniefall in Warschau hat man zur Kenntnis genommen, aber das hat uns nicht so bewegt wie das Motto der 69er Wahl »Mehr Demokratie wagen«. Wir hatten damals gewisse Zweifel am System. Das hing auch damit zusammen, dass wir uns in Baden-Württemberg gegenüber dem Ruhrgebiet als Underdog gefühlt haben. Ich habe mir in Ostdeutschland deren Industriepolitik angeschaut – also die sozialistische Planwirtschaft. Die teilweise erbärmlichen Ergebnisse habe ich natürlich gesehen, aber eine gewisse Industriepolitik konnte ich mir schon vorstellen. Graf Lambsdorff hat mich dann »Mr. Miti« genannt [MITI = japanisches Industrieministerium]. Konzertierte Aktionen habe ich für richtig gehalten. Ich bin da vielleicht mehr konsensorientiert.

Norbert Walter

Norbert Walter schließt 1968 sein Studium der Wirtschaftswissenschaften in Frankfurt am Main ab. Er arbeitet später am Kieler Institut für Weltwirtschaft

Diese Zeit hatte nicht nur mit Willy Brandt einen neuen Gestalter für die Ostpolitik. Sie war auch enorm aufregend für Studenten und Vorwärtsdrängende im Fach Ökonomie. Die SPD hatte das große Glück, mit Karl Schiller einen »State of the Art« Wirtschaftsminister zu haben. Karl Schiller, Professor in Hamburg, war jemand, mit dem die Zeitgenossen Ende der 60er Jahre hervorragend sprechen konnten und der sich auch mit dem bayerischen CSU-Vorsitzenden Franz Josef Strauß ergänzte. Schiller und Strauß, Plisch und Plum genannt, bewältigten zusammen ganz schwierige Reformaufgaben.

Karl Schiller brachte die Globalsteuerung in die deutsche Politik ein, also das moderne Handwerkszeug der

Wirtschaftspolitik aus den angelsächsischen Ländern. Und Franz Josef Strauß brachte die Bodenständigkeit, die Orientierung am Wirtschaftsinteresse, man denke an die Themen Atomindustrie oder Airbus. Das war eine aufregende Zeit in der deutschen Wirtschaftspolitik. Das Stabilitäts- und Wachstumsgesetz wurde verabschiedet und die ersten Male angewendet. Die wirtschaftspolitische Beratung von damals war für Studenten Anlass, in großen Scharen dieses Fach zu wählen. Das ist heute ganz anders. Kaum ein Student interessiert sich heute noch für gesamtwirtschaftliche Zusammenhänge. Wenn sich Studenten für Wirtschaft interessieren, dann gleich für einzelne Unternehmen oder für Technologien, nicht aber für die Gesamtzusammenhänge. Damals war noch die große Zeit derer, die Gesamtzusammenhänge verstehen und verändern wollten.

Paul Kirchhof

Paul Kirchhof promoviert 1968 in München. Anschließend arbeitet er als Assistent des Steuerrechtlers Klaus Vogel in Heidelberg

Es gab immer wieder starke Bemühungen, dieses Steuersystem zu verändern, am stärksten 1971 durch die Eberhard-Kommission. Es gab anschließend immer wieder Steuerreformkommissionen, die versucht haben, in dieses System den Gedanken der Freiheit hineinzutragen. Der Gedanke der Freiheit meint: Der Mensch wirtschaftet auf eigene Rechnung mit eigener Chance und eigenem Risiko, aber er ernährt sich selbst und fördert seine wirtschaftlichen Anliegen aus eigener Kraft. Und wenn das so wäre, wenn wir heute alle Steuersubventionen auf einen Schlag aus dem geltenden Recht herausnehmen könnten, dann kämen wir aufkommensneutral mit einem Spitzensteuersatz von 25 Prozent aus.

KAPITEL 6

Die 70er Jahre: Die SPD-Kanzler Brandt und Schmidt

Die Sieger sind erschöpft nach dem Triumph. Noch nie hatte die SPD die stärkste Bundestagsfraktion gestellt, noch nie hatte sich auch die Mehrheit der Bundesbürger so sehr wie die guten (und reichen) Nachbarn im europäischen Quartier gefühlt. Verdammt komfortabel, da hat man die Engländer und Franzosen in Einkommen und Wohlstand abgehängt, dann schließt man Frieden mit den Feinden und Opfern von gestern und bei der nächsten Tarifrunde gibt es wieder einen ordentlichen Aufschlag. Vielleicht ist dann bald ein größeres Auto drin. Die heile Zukunftssicht ist im Oktober 1973 passé. Nach dem Jom-Kippur-Krieg drosselt die bis dahin eher müde OPEC drastisch die Fördermenge für den Schmierstoff der Weltwirtschaft. Die Abhängigkeit der Industrienationen wird unmittelbar auf der Kostenseite fühlbar – für Produzenten und Konsumenten. An vier Sonntagen im Spätherbst zuckeln Eselskarren und Fahrradkonvois über deutsche Autobahnen. Ein Warnschuss, der kein Volltreffer war. Denn während die Arbeitslosigkeit erstmals seit Jahren wieder bemerkt wird, planen die Tarifstrategen bei ÖTV und IG Metall die nächste Lohnrunde. Elf Prozent mehr holt ÖTV-Chef Heinz Kluncker dann im Frühjahr 1974 für seine Gefolgschaft heraus, Brandt stimmt dem Abschluss zu, enttäuscht über das Verhalten des Parteifreunds Kluncker. Entsetzt müsste auch der Finanzminister sein; der heißt Helmut Schmidt und könnte schon mal die langfristigen Kosten des Kontraktes berechnen lassen. Doch dafür hat er keine Zeit mehr, denn als Nachfolger des resignierten Brandt muss er die saturierten Deutschen durch Umstände führen, die diese am liebsten gar nicht zur Kenntnis nehmen würden. Sein flapsiges Bonmot, nach dem ihm »fünf Prozent Inflation lieber als fünf Prozent Arbeitslosigkeit« seien, wird bald von der Realität eingeholt. Schmidt setzt auf Konjunkturprogramme, Ausgabendisziplin und das Renommee, das er jenseits der Grenzen als Macher genießt. Er kreiert die Wirtschaftsgipfel, drückt die Inflationsrate, gewinnt den Kampf mit der RAF und zwei Bundestagswahlen. Allein, es gelingt nicht, die bald dauerhaft rund eine Million Menschen ohne Erwerbsarbeit wieder in Jobs zu bringen. Das ist umso fataler, weil die nicht zuletzt durch die Modifizierungen Anfang der 70er Jahre ganz erhebliche Ansprüche gegen die sozialen Sicherungssysteme haben – und als Beitragszahler ausfallen. So wird das alljährliche Defizit in den öffentlichen Haushalten zur Routine.

Helmut Schmidt

1974 tritt Willy Brandt wegen der Guillaume-Affäre als Bundeskanzler zurück. Sein Nachfolger wird Helmut Schmidt. Trotz Ölkrise und globaler Rezession hält Schmidt die Inflation und die Arbeitslosigkeit in Deutschland vergleichsweise stabil. Dennoch steigt die Arbeitslosenzahl bis 1977 auf mehr als eine Million Menschen

Der vorangegangene Ausbau des Sozialstaats ging mir zu schnell und zu weit. Es war nicht nur der Ausbau des Sozialstaats, auch auf allen möglichen anderen Gebieten gab es einen starken Impetus in Richtung Reform. Heutzutage ist Reform beinahe ein Schimpfwort. Damals gab es viele, die idealistisch meinten, alles Mögliche gleichzeitig ändern zu müssen. Besonders kritisch war der Umstand, dass damals die Universitäten in Unordnung gerieten, und dass die Lohnpolitik der Gewerkschaften und der Arbeitgeberorganisationen in Unordnung geriet.

Karl Schiller war ein sehr begabter Ökonom und ein erstklassiger Redner. Ich war ein paar Jahre lang sein Mitarbeiter gewesen in Hamburg. Seinen berühmten Satz »Genossen, lasst die Tassen im Schrank«, den er in einer Auseinandersetzung vor der damaligen Bundestagsfraktion gebraucht hat, würde ich nicht aus dem Zusammenhang herausgreifen wollen. Er war zu dem Zeitpunkt, als nun wirklich Porzellan zerschlagen wurde, schon nicht mehr im Amt. Das begann im Laufe des Jahres 1973 mit exorbitanten Lohnerhöhungen. Ich erinnere daran, dass der öffentliche Dienst damals eine Gehalts- und Lohnerhöhung von offiziell elf Prozent, tatsächlich dreizehn Prozent, herausgeschlagen hat. Das war völlig verrückt.

Ich kann mich gut erinnern an eine Diskussion im Vorstand der sozialdemokratischen Partei, wo jemand sagte, man solle die Belastbarkeit der Wirtschaft testen. Ich habe mich natürlich dagegen gewehrt und nicht im Traum solche Vorschläge ernst genommen; aber die Illusion, dass man das tun könnte, die hatten einige damals. Oskar Lafontaine ist heute noch ein Anhänger dieses Unfugs.

Für die zu hohen Tarifabschlüsse waren aber nicht nur die Gewerkschaften verantwortlich, sondern genauso die Arbeitgeberverbände. Beide Seiten waren illusionistisch. Wir haben damals, da war Brandt noch Kanzler, ein Sonntagsfahrverbot auf der Autobahn erlassen. Nicht so sehr, um damit Benzin zu sparen, sondern vor allem, um dem deutschen Volk ins Bewusstsein zu heben, dass wir vor einer Weltrezession standen.

1974, zu Beginn meiner Zeit als Kanzler, hatten wir es vor allem mit den Auswirkungen der Ölpreisexplosion auf die Weltwirtschaft zu tun. Wir hatten zunächst im Jahr 1973 einen extrem starken Ölpreisanstieg und dann noch ein zweites Mal 1979. Die Staaten haben auf die tiefgehende Rezession verschieden reagiert. Damit fertig zu werden war unsere bedrängende Sorge. Als wir aber in der zweiten Hälfte der 1970er Jahre glaubten, sie überwunden zu haben, kam die zweite Ölpreisexplosion – mit entsprechendem Anstieg der Arbeitslosigkeitskurve, nicht nur in Deutschland, ebenso in Frankreich und in England.

Deutschland ist damals vergleichsweise glimpflich davongekommen, so dass man in jenen Jahren unter dem Eindruck der unmittelbaren Krise keine Notwendigkeit vor Augen hatte, die sozialen Sicherungssysteme grundsätzlich zu verändern. Das schien nicht dringlich, wohl aber begann man zu begreifen, dass da Probleme entstehen könnten. Eines haben wir damals nicht begriffen, nämlich die zusätzliche Erschwernis durch den damals schon spürbaren Rückgang der Geburtenziffern. Heutzutage ist es leicht, zu sagen: »Ihr hättet das damals schon sehen können.« Wir haben es damals nicht gesehen. Es gibt einige Ausnahmen: Meinhard Miegel in Bonn ist eine solche Ausnahme, er hat es schon damals gesehen, vielleicht auch Kurt Biedenkopf. Aber die öffentliche Meinung hat das Thema nicht erreicht, und meine Regierung hat es kaum erreicht.

Klaus von Dohnanyi

Klaus von Dohnanyi wird 1972 Minister für Bildung und Wissenschaft. Kanzler Schmidt schickt ihn 1976 als Staatsminister ins Auswärtige Amt. 1981 wird von Dohnanyi Erster Bürgermeister von Hamburg

Ich glaube, dass Helmut Schmidt sein Macherimage nicht erst nach 1974 gewonnen hat. Schon sein Krisenmanagement 1962 während der Hamburger Flut zeichnete ihn aus. Seine Ausstrahlung als tatkräftige Person, auch geprägt durch seine Kriegserfahrung, kommt hinzu. Helmut Schmidt ist ein denkender Macher.

Wenn man heute an die Zeit zwischen ’74 und ’82 zurückdenkt, dann ist die Frage berechtigt, ob man nicht schon manche der langfristigen Entwicklungen, die sich in den 70er Jahren abzeichneten, hätte erkennen und ihnen entgegenwirken müssen. Man darf aber auch nicht übersehen, dass Schmidt die Verschuldung der Bundesrepublik bei etwa 42 Prozent des Sozialproduktes angehalten hat. Und man darf nicht übersehen, dass die Verschuldung im Gefolge der Vereinigung unter Helmut Kohl von vierzig Prozent im Jahr 1989 auf sechzig Prozent im Jahr 1998 gestiegen ist. Aber alles in allem meine ich: Wenn wir gewusst hätten was kommt, dann hätte man sich in den 70er Jahren schon anders verhalten.

Andererseits war Schmidt natürlich, was sein Fundament in der Partei anging, sehr stark mit dem gewerkschaftlichen Teil der Partei verbunden. Mit dem mußte er natürlich schließlich die heftigsten Auseinandersetzungen bekommen. Auch in der Fraktion. Schmidt hätte sicher gerne viel früher in der Sozialpolitik manches eingedämmt, weil er natürlich, als hanseatischer Abgeordneter, sehr viele Wirtschaftsbeziehungen und große Wirtschaftskenntnisse hatte. Als Volkswirt hat er sehr früh erkannt, dass manches sich so nicht wird realisieren und auch nicht halten lassen. Aber umzusetzen war das sehr schwer, und seine Auseinandersetzung im Frühjahr '82 mit der Fraktion ist ja inzwischen legendär. Es war eine Auseinandersetzung, die nicht so ganz anders war als die von Karl Schiller zehn Jahre vorher.

Otto Graf Lambsdorff

Otto Graf Lambsdorff ist 1971 Generalbevollmächtigter des Privatbankhauses Trinkaus. 1972 wird er in den Bundestag gewählt und wirtschaftspolitischer Sprecher seiner Fraktion

Die Wahl 1972 ist außenpolitisch entschieden worden. Da ging es um die Ostpolitik und um die Ostverträge. Mich hatte die FDP-Fraktion nahezu händeringend gebeten zu kandidieren, insbesondere die Herren Scheel und Genscher, um als wirtschaftspolitischer Sprecher in den Bundestag zu gehen. Das war eine Ausnahmesituation. Insofern hatte ich einen relativ günstigen und nicht leichten, aber interessanten, Start.

Vor allem in Bankerkreisen in Düsseldorf war es nicht so gern gesehen, dass ich für die sozialliberale Koalition eintrat und das Scheitern des Misstrauensvotums gegen Willy Brandt begrüßte. Ich war zu einem Essen eingeladen im Vorstandscasino einer Großbank. Da kam die Nachricht und ich sagte: »Hurra«, und die guckten mich mehr als erstaunt an. Die hatten alle gehofft, dass Willy Brandt nun gestürzt würde. Aber ich wollte nicht, dass er gestürzt würde, weil ich die Ostpolitik wollte.

Damit fing die sozialliberale Koalition an. Auf finanzpolitischem Gebiet fing auch das Geldausgeben an. Unter dem Rufe »Wir wollen jetzt Reformen wagen«, wurde unter Reform eben auch »viel Geld ausgeben« verstanden. Damals war Reform ein positiv besetzter Begriff. Heute ist Reform ein eher kritisch besetzter Begriff, weil er mit Einschränkungen verbunden ist. Damals hieß Reform Großzügigkeit, Freiheit, auch mehr Geld.

Den zweistelligen Tarifabschluss im öffentlichen Dienst habe ich äußerst kritisch gesehen. Ich bin heute noch der Überzeugung, dass beim Rücktritt von Willy Brandt die Guillaume-Affäre eine gewichtige Rolle gespielt hat. Ich glaube aber, im Grunde war Willy Brandt der Spaß an der Politik genommen, das Kreuz gebrochen, als er diesen Tarifabschluss im öffentlichen Dienst hinnehmen musste. Ich glaube nicht, dass Guillaume Willy Brandt »umgebracht« hat, sondern dass es mein alter Kontrahent Heinz Kluncker (ÖTV-Chef) war.

Edzard Reuter

Edzard Reuter rückt 1973 als stellvertretendes Mitglied in den Vorstand der Daimler-Benz AG auf. Er übernimmt von Hanns Martin Schleyer das Ressort Planung und Organisation. 1979 wird Reuter Finanzvorstand bei Daimler-Benz

1974. Das war ein wahnsinniger Abschluss im öffentlichen Dienst und es war auch klar, dass die Bundesregierung als Tarifpartner das nur mit äußerstem Bauchgrimmen akzeptiert hat. Das schlug sich dann sukzessive auch in den anderen Tarifabschlüssen, zum Beispiel mit der IG Metall, nieder.

Hanns Martin Schleyer, der auf Arbeitgeberseite für diese Tarifabschlüsse Verantwortung trug, wurde oft gescholten: Wie man nur seine Unterschrift unter solch einen Abschluss setzen könne. Wir haben Bauchgrimmen gehabt, aber auch wir bei Daimler-Benz waren Teil der Erfolgsgeschichte. Auch wir haben immer wieder erlebt, dass wir zunächst gewarnt haben: »Deutschland geht demnächst unter, weil dieser Tarifabschluss viel zu hoch ist.« Und im folgenden Jahr haben wir verkündet: »Unser Gewinn ist wieder sehr ordentlich«, »unsere Exporte marschieren gut«, »unser Inlandsabsatz geht gut«. Wir waren damals alle miteinander nicht unbedingt zum Kämpfen geboren auf diesem Gebiet.

Helmut Schmidt hat schnell versucht, zu den Realitäten des Lebens zurückzukehren. Helmut Schmidt hat gesagt: »Wenn einer Visionen hat, soll er lieber zum Arzt gehen.« Der hat tatsächlich kapiert, wie wirtschaftliche Zusammenhänge funktionieren. Ich glaube, dass Helmut Schmidt wahrscheinlich der bedeutendste Bundeskanzler nach dem Krieg gewesen ist, nicht zuletzt weil er so pragmatisch war. Er hat nie gesagt, er habe eine feste Vorstellung von der Rolle Amerikas, Europas oder von der Rolle Japans oder Chinas. Er hat immer aufgepasst, dass er mit den Füßen auf dem Boden bleibt und kurzfristig reagieren kann, wenn Dinge falsch laufen. Das war seine Stärke, gleichzeitig auch seine Schwäche, insofern es eine innerparteiliche Schwäche war.

Ich glaube, dass dieser Pragmatismus gleichzeitig die Erklärung dafür ist, warum Schmidt es in seiner Partei streckenweise sehr schwer gehabt hat. Diese Partei liebt im Grunde Visionäre, die eine Schau der Zukunft wagen und fragen: »Was muss geschehen, um den idealen Menschen in der idealen Welt ideal leben lassen zu können?« Das war nie Schmidts Stärke.

Ich glaube aber nicht, dass die hohen Tarifabschlüsse als solche sich auf die Dauer so tödlich ausgewirkt haben, denn sie wurden verkraftet durch eine gewaltige Produktivitätssteigerung. Wir hatten diesen Wettbewerbsvorteil höchst moderner Anlagen, höchst moderner neuer Produkte und hoher Qualität für die Weltmärkte.

Was sich dauerhaft so schädlich ausgewirkt hat sind die Dinge, die sich heute in den berühmten Lohnnebenkosten niederschlagen, das heißt in den teuren Sozialsystemen, die wir uns damals geleistet haben. Die konnte man sich aus damaliger Sicht kurzfristig leisten, weil beispielsweise kein Mensch die demografische Entwicklung in Deutschland vorhergesehen hat. Das waren Zukunftsperspektiven, um die wir uns nicht gekümmert haben. Aber zeigen Sie mir den Unternehmer, den Ökonomen, den Politiker, der die Fähigkeit hat, für die kommenden dreißig Jahre vorauszusagen, was sich wie entwickeln wird. Die Lehre aus der damaligen Zeit und der heutigen Situation lautet: Vorsicht in allen politischen, wirtschaftlichen, gesetzgeberischen Maßnahmen, die Generationen festlegen und ihnen keine Spielräume mehr lassen, sich selbst zu gestalten.

Franz Steinkühler

Franz Steinkühler erlebt, wie in den 70er Jahren Juristen die Unternehmer auf der Arbeitgeberseite ersetzen – die IG Metall muss immer häufiger »das große Rad« drehen. Steinkühler setzt nach hartem Arbeitskampf 1978 eine individuelle »Besitzstandssicherung« durch

In den 70er Jahren haben wir zwar gute Tarifverträge gemacht, aber wir mussten auch viel streiken, und es war kaum mehr möglich, am Verhandlungstisch vernünftige Ergebnisse zu erzielen, weil die Arbeitgeber einfach zunächst mal NEIN gesagt haben. Und dann mussten wir mobilisieren.

Seit 1965 war ich für die gesamte Tarifpolitik in

Baden-Württemberg zuständig. Dort waren in den Tarifverhandlungen auf Arbeitgeberseite zunächst noch richtige Unternehmer, die noch in der Fabrik gearbeitet haben. Die noch wussten, wie heißes Öl riecht und was Schichtarbeit bedeutet. Es war relativ einfach, die mit Argumenten zu überzeugen, dass es nicht zumutbar sei, dieses und jenes zu machen. Wir haben damals recht gute Regelungen für Schichtarbeitszuschläge, Schichtdauern und ähnliche Sachen erzielt.

Das hat sich später geändert, als in den Arbeitgeberkommissionen diese Unternehmer als Personen ausgeschieden sind und durch Juristen ersetzt wurden. Da wurde das Verhältnis ... die Arbeitgeber würden sagen »immer professioneller«. Aber es wurde immer schlimmer. Es gibt nichts Schwierigeres, wenn Sie sich dem Gegner nicht verständlich machen können.

Damals war Hanns Martin Schleyer Vorsitzender von Gesamtmetall. Schleyer hat verstanden, was nur wenige Arbeitgeber damals verstanden haben und heute schon gar keiner mehr, nämlich die Eigendynamik einer Massenorganisation. So eine große IG Metall ist wie ein großes Schwungrad: ganz langsam anzudrehen, aber wenn Sie es mal andrehen müssen, bremsen Sie das nicht mehr sofort. Und das heißt, wenn die Arbeitgeber erklären: »Das sind gar nicht die Forderungen der Mitarbeiter, das sind nur Ihre Forderungen als Funktionäre ...«, also schon in den 70er Jahren wurde das so verhärtet, dann mussten wir natürlich nachweisen, dass das nicht einfach ein paar spinnende Funktionäre sich ausgedacht haben, sondern dass das wirklich von der Basis gefordert worden ist. Also mussten wir die ersten Kundgebungen machen.

Sobald Sie die ersten Kundgebungen machen, ist dieses Riesen-Schwungrad angetrieben. Das können Sie nicht mehr zurückdrehen. Je mehr diese Eigendynamik zu wirken beginnt, desto kleiner wird für die IG Metall selbst der Kompromissspielraum. Also von uns ist das zunächst gar nicht erwünscht gewesen, bei Tarifverhandlungen gleich das große Rad zu drehen, weil der Verhandlungsspielraum dadurch kleiner wird. Aber die Arbeitgeber ließen keine Alternativen zu.

So einen Streik zu führen bedeutet nicht einfach: Daumen rauf und Daumen runter. Da müssen Sie vorher … Arbeitgeber sagen »agitieren«, ich aber sage »agieren«, »überzeugen«. Und man kann auch nicht taktieren. Taktieren können die Arbeitgeber, die eine Kommission haben mit 100 Leuten, die eine Aussperrung beschließt für 600 000 Menschen. Wenn Sie aber 500 000 Menschen davon überzeugen müssen, bei der Urabstimmung mit JA zu stimmen, dann haben Sie keinen Spielraum für taktische Finessen. Denn die Menschen wollen das, was sie fordern, dann auch durchgesetzt sehen, weil sonst selbst ein guter Kompromiss eine Niederlage im Bewusstsein der Leute werden kann. Schleyer hat das verstanden. Die meisten Arbeitgeber aber leider nicht.

Die Behauptung, dass hohe Lohnsteigerungen zu Arbeitslosigkeit führen, bestreite ich natürlich auf das Entschiedenste. Ganz einfach deshalb, weil ich als Leiter der Arbeitsvorbereitung weiß, dass man bei Strafe des Untergangs in einem Unternehmen stets die bestmögliche, rationalste Produktionsweise umsetzen muss. Wer das nicht tut, verschwindet vom Markt, unabhängig von der Lohnhöhe. Kein Betrieb würde auf die absurde Idee kommen, eine mögliche Rationalisierung nicht anzunehmen, wenn die Arbeitnehmer auf Lohn verzichten. Die

Preissteigerung muss ausgeglichen werden, und die Teilhabe an der Produktivität muss auch heute noch ausgeglichen werden.

Was wir jetzt bei den derzeit niedrigen Lohnabschlüssen im Augenblick haben, spiegelt sich in der Kaufkraft wider: Wir haben die niedrigste Lohnquote seit Bestehen dieser Bundesrepublik. Die niedrigste Lohnquote, also den niedrigsten Anteil der Arbeitnehmer am Bruttoinlandsprodukt. Wer kein Geld einnimmt, der kann auch keine Schuhe kaufen, die Fleischportionen werden kleiner und Autos werden eben zwei, drei Jahre länger gefahren. Ich glaube, diese Lohnerhöhungen damals waren, gemessen an der Leistungsfähigkeit der Wirtschaft, gerechtfertigt.

Hilmar Kopper

Hilmar Kopper steigt 1971 in den Vorstand der Deutsch-Asiatischen Bank AG auf. 1977 wird er Vorstandsmitglied der Deutschen Bank und kümmert sich vor allem um die Auslandsexpansion

Unter allen Verträgen stehen zwei Unterschriften, auch unter den Verträgen, die Arbeitszeitverkürzungen vorsahen und Lohnerhöhungen in den 70er Jahren. Wir haben geglaubt, wir können lustig weiter verteilen, weil wir annahmen, der Kuchen wächst von allein. Aber er ist nicht gewachsen, und nun haben wir alle realisieren müssen, dass bei einem Kuchen, der seit Jahren die gleiche Größe hat, es nicht angehen kann, dass jeder glaubt, er könnte sich nun ein größeres Segment herausschneiden. Das ist ein sehr schmerzhafter Prozess. Vor allen Dingen bei der korporativen Verfassung dieses Staates. Damit gehen wir heute noch um. Wir müssten eigentlich mehr Energie auf das Wachsen des Kuchens und nicht auf seine Verteilung verwenden, dann wäre mir etwas wohler. Aber darum kümmert sich offensichtlich keiner mehr.

Ich dachte damals, wir müssen jetzt was tun. Das meinten wir Jungen überhaupt. Man darf nicht vergessen, als ich in den Vorstand kam war ich 42. Das war, gemessen an der Tradition der Deutschen Bank, verdammt jung. Es war gut, dass ich mich daran erinnerte, wenn ich später selbst junge Leute berufen musste und dabei dachte, wenn sie erst 45 waren: Die sind aber noch sehr jung.

Wir wollten das Neue. Wir versuchten auch, die Bank zu verändern. Wir merkten, dass Deutschland nicht allein unser Pflaster sein kann. Wir wussten, dies ist ein Prozess, da kann man nicht hineinspringen, sondern da muss man mit kleinen Schritten herangehen. Und das ist dann auch in den 80ern passiert.

Ich habe im Vorstand der Deutschen Bank so ziemlich jedes Ressort in meinen 20 Jahren wahrgenommen, bis auf so ein Ressort wie Personal, für das ich mich sicherlich nicht geeignet hätte. Ich habe also für die ganze Welt – bis auf den Nahen Osten – immer mal eine Zuständigkeit gehabt: von Lateinamerika über Nordamerika, Asien, Afrika, Europa. Regional im Inland sowieso. Das machten wir alle damals noch nebenbei, und da tummelte man sich heftig, damit man mit beiden Beinen immer noch im deutschen Geschäft stand. Aber meine Neigung gehörte immer dem internationalen Geschäft der Deutschen Bank. Das war dann eine Mischung, schon damals, aus klassischem, ich nenne das mal »Commercial« Banking und aus der Tradition der Deutschen Bank herkommend, von »Investment Banking«. Es ist ja nicht so, dass das erst später erfunden worden ist.

Karl Otto Pöhl

1970 wird Karl Otto Pöhl Ministerialdirektor im Wirtschaftsministerium von Karl Schiller. 1972 wechselt Pöhl als Staatssekretär ins Finanzministerium unter Helmut Schmidt. 1977 wird er Vizepräsident der Bundesbank

Brandt war ein Glücksfall. Dass wir einen sehr guten Wirtschaftsminister hatten und einen Bundeskanzler, der sich zwar nicht besonders für Wirtschaftspolitik interessierte, auch nicht viel davon verstand, aber eben doch instinktiv das Gefühl hatte, sein Wirtschaftsminister, das ist der richtige Mann, der macht das schon richtig.

Karl Schiller wartete natürlich nur darauf, seine Vorstellungen von Wirtschaftspolitik umzusetzen, das heißt auch keynesianisch geprägte Konjunkturprogramme zu machen. Zwei oder drei Konjunkturprogramme wurden gemacht. Es wird heute immer gesagt, die seien nicht wirksam gewesen: Das stimmt nicht! Schiller war im Grunde genommen der Erbe Erhards. Er hat mit modernen Mitteln die Erhardsche Politik fortgesetzt. Wir lesen ständig über irgendwelche volkswirtschaftlichen Gesamtrechnungen, stimmen zwar alle nicht, die Prognosen, werden dauernd korrigiert, aber immerhin, das ist selbstverständlich, dass man damit arbeitet. Damals war das etwas Neues und diese modernen Instrumente hat Schiller natürlich eingebracht und das war auch seine große Tat. Und er hat eben auch die außenwirtschaftliche Flanke, die ja doch die Stabilität in der Bundesrepublik gefährdete, geschlossen durch die Aufwertung der D-Mark.

Das Unglück war, dass wir nach Schillers Rücktritt dann in die erste Ölkrise gerieten, 1973/74, aus der Deutschland, nebenbei bemerkt, auch relativ gut herausgekommen ist. Deutschland ist das einzige OECD-Land gewesen, das in den 70er Jahren keine zweistellige Inflationsrate hatte, das einzige Land. Selbst die Schweiz, selbst Japan und solche Länder hatten zweistellige Inflationsraten als Folge der Ölkrise. Das wird oft vergessen und wird den Sozis heute angelastet. Natürlich haben die auch viele Fehler gemacht, vor allen Dingen Begeisterung für Planung und für moderne Instrumente und der Einfluss des Arbeitsministers, Renten wurden angepasst, Löhne stiegen, also fantastisch. Wenn ich noch an den Kluncker-Effekt denke damals, dass die ÖTV, unter ihrem Vorsitzenden Kluncker, ich glaube elf oder zwölf Prozent Lohnerhöhung durchsetzte, was mit zum Rücktritt Willy Brandts geführt hat, das hat ihn sehr schwer getroffen.

Aber Helmut Schmidt hat ja dann als Bundeskanzler die Sache übernommen und hat eigentlich eine relativ gute Wirtschaftspolitik betrieben. 1975 hatten wir die zweite Rezession, die war schon etwas schwieriger und wurde auch mit öffentlichen Programmen angegangen – mit Erfolg: Innerhalb eines Jahres waren wir wieder auf einem besseren Beschäftigungsniveau.

Jürgen Hubbert

1973 übernimmt Jürgen Hubbert bei Daimler-Benz die Hauptabteilung Arbeitsvorbereitung. Er plant den Ausbau des Werks in Sindelfingen sowie den Aufbau eines Werks in Bremen

Wir haben den Aufstieg der japanischen Automobilindustrie nicht in dem Maße ernst genommen wie es vielleicht schon damals notwendig gewesen wäre. Die Bedrohung in unseren Kern-Märkten war für uns im Grunde nicht erkennbar. Es war nicht absehbar, dass die japanischen Hersteller sich in Richtung Premiumsegmente entwickeln würden. Wir waren Anfang der 70er Jahre eher erfreut über die Erfolge, die wir selbst in Japan und in anderen Teilen der Welt gehabt haben, insbesondere in den USA. Wir waren eigentlich davon überzeugt, dass die Bedrohung beherrschbar sei.

Ich persönlich bin 1973 zum ersten Mal in Japan gewesen und habe mir dort die Fabriken angesehen. Wir haben Produkte gesehen, die wir zum damaligen Zeitpunkt nicht für wettbewerbsfähig hielten. Wir haben allerdings auch Arbeitsmethoden gesehen, die in höchstem Maße darauf ausgerichtet waren, optimale und sehr wirtschaftliche Arbeitsergebnisse zu erzielen. Und wir sind zurückgekommen und haben dann versucht, so etwas umzusetzen.

Das Dumme an der Geschichte: Es liefen zum gleichen Zeitpunkt zwei Strömungen. Da war eine Bewegung, die nach mehr Rationalisierung, nach Effizienz gefragt hat. Und es kamen bei uns in Deutschland soziologische Bestrebungen auf, unter dem Begriff »Humanisierung der Arbeit«, die diesen konträr gegenüberstanden. Auf der einen Seite ging es nun darum, noch effizienter zu arbeiten, und auf der anderen Seite ging es darum, den Menschen von schwerer körperlicher Arbeit zu entlasten.

Wir haben dann in den Fabriken die Überkopfarbeit beseitigt, indem wir die Fahrzeuge in so genannte Hängedrehförderer gepackt haben, so dass man das Auto praktisch dem Arbeiter in handgerechter Form zuführen konnte: humane Arbeitsbedingungen, aber mit relativ hohen Investitionen. Unser Schwerpunkt lag damals zunächst noch, auf »Lass' uns doch erst mal die Arbeit noch ein bisschen erleichtern und verkürzen«, anstatt diesen Trend, der aus Japan kam, ernster zu nehmen.

Ich habe Arbeitskämpfe im Werk Sindelfingen miterlebt, 1973 und 1974. Die Diskussionen um die neuen Rahmentarifverträge und um die Arbeitsbedingungen haben uns intensiv beschäftigt. Es gab Arbeitskämpfe, die sich im Maximum bis zu zwölf Wochen hingezogen haben, und am Ende waren – aus heutiger Sicht – die Unternehmer zu schwach und haben den Gewerkschaften zu viel zugestanden. Es gab dann zweistellige Lohnerhöhungen in einer Zeit, in der wir uns bemüht haben, gegenzusteuern. In Sindelfingen kamen die ersten Roboter 1972 zum Einsatz mit dem Ziel, die immer teurer werdende Arbeitskraft durch Automatisierung zu ersetzen. Wir haben diesen Trend der Rationalisierung und Erhöhung der Produktivität genutzt, um die Arbeitszeitverkürzungen zu kompensieren.

Ich glaube, dass die Konfliktbereitschaft während der Tarifauseinandersetzungen zu gering ausgeprägt war. Wir haben alle gut verdient. Der Export lief. Wir haben die Märkte der Welt bedient. Wir haben neue Märkte erschlossen. Man wollte eigentlich diesen »guten Lauf«

nicht unterbrechen durch Streiks. Da ist vielleicht mal genickt worden, statt zu sagen: »Lass' uns hier zum Wohle aller Beteiligten in eine konfliktvolle Auseinandersetzung gehen.«

Heute müssen wir erkennen: Aus dem Nachgeben auf beiden Seiten haben wir nicht gewonnen, sondern wir haben auf beiden Seiten verloren. Das Land hat Arbeitsplätze verloren. Wir haben Teile der Wettbewerbsfähigkeit verloren, die wir uns jetzt mühsam wieder erarbeiten müssen. Ich kann aus heutiger Sicht nicht sagen, warum die Kompromissbereitschaft so groß war: Ich glaube, es ging uns einfach bisschen zu gut.

Meinhard Miegel

1970 bis 1973 arbeitet Meinhard Miegel als Syndikusanwalt beim Verbrauchsgüterkonzern Henkel. Gemeinsam mit Kurt Biedenkopf wechselt Miegel 1973 von der Henkel-Geschäftsführung in die Bundesgeschäftsstelle der CDU

Als ich Ludwig Erhard gegen Ende seines Lebens kennen lernte, hatte er vollständig resigniert. Er war der Meinung, dass es in Deutschland keine soziale Marktwirtschaft gebe und nie gegeben habe. Schon seit den 50er Jahren habe sich Deutschland in eine andere Richtung entwickelt als ihm vorgeschwebt habe. Einmal bemerkte er, man sollte den Begriff »soziale Marktwirtschaft« am besten gar nicht mehr in den Mund nehmen.

Heinz Dürr

Heinz Dürr wird 1975 Vorsitzender des Verbandes der Metallindustrie in Baden-Württemberg. Im Tarifkonflikt 1978 handelt er mit Franz Steinkühler einen mutigen Kompromiss aus

Der damalige Vorsitzende des Arbeitgeberverbandes der Metallindustrie, Hanns Martin Schleyer, hat einmal gesagt: »Der Dürr widerspricht immer im Ausschuss, ich müsste ihn einmal in den Vorstand nehmen, damit wir den einbinden.« So bin ich in den Vorstand in Baden-Württemberg gekommen. 1975, als Schleyer BDI-Präsident wurde, haben sie einen Nachfolger gesucht. Schleyer ruft mich an und sagt: »Ich höre, Sie sind bereit, das zu machen.« Ich antworte: »Herr Schleyer, ich, mit einem mittelständischen Betrieb mit 1000 Mitarbeitern und 300 Millionen Mark Umsatz, soll Ihren Verband führen?« Er sagt: »Richtig. Politisch kommen Sie bei der Bevölkerung viel besser an als so ein Großmeister aus der Industrie. Das wird was.« So wurde ich Vorsitzender des Arbeitgeberverbandes.

Da sah die Welt natürlich dann ganz anders aus. Der Verband hatte 1000 Mitglieder, davon waren 900 Betriebe mit weniger als 100 Beschäftigten. Es ging um die Frage: Wie kriegen wir dieses Thema soziale Marktwirtschaft hin? Die große Auseinandersetzung war 1978, da wollte die Gewerkschaft die kollektive Lohnsicherung. Die haben wir noch zu Fall gebracht. Aber es gab einen vierwöchigen Streik, und am Ende standen dann ein Rationalisierungsabkommen und ein Lohnabschluss.

Mein Kontrahent in der IG-Metall war Franz Steinkühler, wir sind damals groß rausgekommen in diesem

Arbeitskampf, weil sonst offensichtlich nichts in der Welt los war. Ich habe mich in die Lage der Gewerkschaft versetzt und Flugblätter geschrieben, die der Verband an den bestreikten Betrieben morgens noch vor der Gewerkschaft verteilt hat. Das war der größte Schlag für den damaligen Bezirksleiter, dass wir mit unseren Flugblättern schneller waren. Aber die Lohnpolitik, die wir betrieben haben, hat letztendlich dazu geführt, dass die unteren Lohngruppen hier zu Lande wegfallen. Rückblickend eine falsche Richtung.

Als zum ersten Mal in den 70er Jahren die Zahl von einer Million Arbeitslosen in Deutschland überschritten wurde, habe ich als Arbeitgebervorsitzender gesagt: »Arbeitslosigkeit ist nicht eine Million, sondern das sind eine Million mal eins, Einzelschicksale. Wenn sie aber die Leute in die Hängematte fallen lassen, dann funktioniert das nicht. Ich habe mal untersuchen lassen, was ein vierzigjähriger Schaffner mit zwei Kindern verdient, der also 38 Stunden in der Woche arbeitet, und ein Sozialhilfeempfänger mit zwei Kindern und vierzig Jahren. Da lag die Nettodifferenz bei fünfzig Mark. Da arbeitet der Sozialhilfeempfänger noch ein paar Stunden schwarz und er hat mehr in der Tasche.

Norbert Walter

Norbert Walter übernimmt 1977 die Abteilung Konjunktur und Weltwirtschaft am Kieler Institut. 1978 wird er wissenschaftlicher Direktor am Institut

Karl Schiller hat darunter gelitten, dass die Wirtschaft offenkundig nicht so einfach zu gestalten war wie man sich das in Zeiten des Stabilitäts- und Wachstumsgesetzes vorstellte. Schiller war nicht nur enttäuscht über die Genossen, die Geld ausgaben, das ihnen nicht gehörte oder das erst in Zukunft erarbeitet werden musste, sondern auch darüber, dass die entwickelten Konzepte nicht so effektiv waren, wie man zunächst geglaubt hatte.

Hinzu kam die Globalisierung, die Internationalisierung der Wirtschaft. Man kam zu der Erkenntnis, dass sich viele Wirtschaftsfragen nicht mehr aus nationalen Hauptstädten heraus gestalten lassen. Diese schmerzhafte Erkenntnis reifte genau zu jenem Zeitpunkt, als wir merkten, dass Wechselkurse und Zinsen offenkundig ein internationales Phänomen sind und der Außenhandel gravierend auf die eigene Wirtschaft einwirkt. Hinzu kam die Ölkrise – der Ölpreisanstieg mit seinen globalen Auswirkungen.

Wir in der deutschen Wirtschaft haben vieles immer nur unter einem einseitigen Aspekt betrachtet: Etwas hier produzieren und international absetzen. Wir waren konzeptionell einseitig auf Exportorientierung ausgerichtet. Wir haben uns diese Exportorientierung nicht vorgenommen, weil uns die Welt faszinierte, sondern weil wir glaubten, dass man auf diese Weise als Deutscher am schnellsten reich werden könne. Wir hatten eine Haltung wie die früheren Kolonialmächte. Wir wussten wenig von der Kultur anderer Länder, wir waren nicht wirklich bereit, dort vor Ort mitzuwirken. Deutschland war auf die Internationalisierung nicht besonders gut vorbereitet.

Bert Rürup

1974 arbeitet Bert Rürup in der Planungsabteilung des Bundeskanzleramts. 1976 wird er auf den Lehrstuhl für Finanzwissenschaft der TU Darmstadt berufen

In der ersten Hälfte der 70er Jahre sind die Gewerkschaften zu einer aggressiven Lohnpolitik übergegangen. Bis dahin konnte man eine eher moderate Lohnpolitik beobachten. Die Gründung des Sachverständigenrates hängt auch damit zusammen, dass ein Rat »weise« und moderierend auf die Lohnverhandlungen einwirken sollte. Aber diese lohnpolitische Übereinkunft, die ist in den frühen 70er Jahren radikal gebrochen worden.

Ein Beispiel dafür war der ÖTV-Chef Heinz Kluncker mit dem großen Streik im öffentlichen Dienst, einem Streik, der auch einen gewissen Teil zum Rücktritt des Kanzlers Willy Brandt beigetragen haben dürfte. In diese Zeit fiel dann zudem die erste Erdölkrise. Es kam zu Zweitrundeneffekten, die Gewerkschaften wollten über hohe Lohnsteigerungen die Verteuerungen wieder hereinholen. Eine harte Geldpolitik, um das Preisniveau zu stabilisieren, war die Folge. Damit begannen eigentlich unsere Probleme, und seitdem hat sich unsere Arbeitslosigkeit in Schüben aufgebaut und verfestigt.

Im Ökonomenjargon heißt dieses Erscheinungsbild Hysterese. Bei jedem Konjunkturabschwung ist die Arbeitslosigkeit um 800 000 gestiegen und beim nachfolgenden Konjunkturaufschwung nicht mehr abgesunken. Deswegen haben wir heute eine in Jahrzehnten aufgebaute und verfestigte Arbeitslosigkeit, aus der heraus es keinen schnellen Königsweg gibt.

Paul Kirchhof

Paul Kirchhof habilitiert sich 1974. Er spezialisiert sich auf Steuerrecht

Wir hatten in den 70er Jahren eine lange Politikphase, wo wir nur nach den staatlichen Leistungen gefragt haben. In dieser Fragestellung liegt das Begehren nach mehr Staatsleistungen und die Abgeordneten haben diesen Wählerwunsch aufgenommen und mehr Leistungen versprochen. Nur sehr wenige haben in der Öffentlichkeit beharrlich bewusst gemacht, dass mehr Staatsleistungen Steuererhöhungen zur Konsequenz haben. Denn der Staat ist selber nicht produktiv. Er kann nur geben, was er vorher steuerlich genommen hat, er kann nur Wohltäter sein, wenn er vorher steuerlicher Übeltäter gewesen ist. Und diese elementare Grundeinsicht in ein freiheitliches System müssen wir in der Gegenwart nachdrücklich zurückgewinnen und in praktische Politik umsetzen.

KAPITEL 7

1980 bis 1982: Die lange Agonie

Karl Schiller sollte für lange Zeit der letzte Sozialdemokrat im Wirtschaftsministerium bleiben. Während die leitenden Beamten sich ohnehin als Hüter der Marktwirtschaft verstanden, kamen mit den FDP-Ministern Friderichs und Lambsdorff zwei Männer in die ministeriale Beletage, denen man das Erhardsche Vermächtnis nicht noch mühsam beibringen musste. Während Friderichs 1977 auf den gut bezahlten Job des Dresdner Bank-Chefs abwanderte, hatte sein Nachfolger die Erfahrung in der privaten Wirtschaft schon hinter sich. Otto Graf Lambsdorff war Banker und Vorstand einer Versicherung gewesen, Politik macht er auch, aber er ist davon nicht abhängig. Umso hartnäckiger vertritt er liberale Positionen, die sich vor allem an einem stören: dass die angeblichen Belastungen der sozialen Solidarität der FDP-Klientel der Besserverdiener einiges abverlangen. Dass der Lastenausgleich unter Adenauer und Erhard eine Umverteilung ganz anderen Ausmaßes gewesen ist – längst vergessen. Es gibt viel zu mäkeln an den Vorstellungen der Genossen, und damit trifft man automatisch auch den Kanzler, obwohl auch der über Kreuz mit seiner Partei ist. Die will ihm bei der Nachrüstung nicht folgen und auch nicht oder nur widerwillig bei einigen zaghaften Schnitten, um die Haushalte '81 und '82 durchzubringen. Als dann der »Wirtschaftsgraf« mit Wissen des Kanzlers mal all das aufschreibt, was er gerne hätte (nicht das, was er für durchsetzbar hält), ist das dreizehn Jahre amtierende sozialliberale Bündnis rasch am Ende. Die Nachrichten melden 1,8 Millionen Arbeitslose und Schmidt muss sein Amt an einen Mann übergeben, den er demonstrativ gering schätzt. Der seltsame Vorstellungen von einer »geistig-moralischen Wende« und einen putzigen Akzent hat, von der Hamburger Journaille verspottet und von seinen Stammwählern gemocht wird. Doch dem Historiker Helmut Kohl ist sein Image bei verbrauchten Kanzlern egal – er hat vor, lange im Amt zu bleiben.

Helmut Schmidt

Kanzler Helmut Schmidt verteidigt den Nato-Doppelbeschluss zur Nachrüstung und verliert dadurch Rückhalt in der eigenen Partei. Im September 1982, nachdem Graf Lambsdorff sein Thesenpapier vorgelegt hat, zerbricht die Koalition von SPD und FDP. Im Oktober 1982 beendet ein konstruktives Misstrauensvotum Schmidts Kanzlerschaft

Aus meiner Sicht fing es bereits am Tag nach der Bundestagswahl 1980 an. Bis zum Bundestagswahlkampf im Herbst 1980 machte der damalige Koalitionspartner FDP sogar mit meinem Namen im Wahlkampf Reklame. Aber nun war die Wahl vorbei, und nun fing man in der FDP an, darüber nachzudenken, dass man eigentlich beim nächsten Mal viel besser abschneiden könnte. Die Absetzbewegung, das Gerede von einer »Wende«, die notwendig sei, fing damals an. Ich habe das erst relativ spät ernst genommen, dann aber im Februar 1982 ein Vertrauensvotum des Bundestages ausgelöst. Einer der Fehler, die ich mir ankreiden muss, ist, dass ich der FDP nicht von mir aus gesagt habe: »Wenn ihr nicht mehr wollt, dann geht.« Das Lambsdorff-Papier war nur scheinbar Auslöser für den Regierungswechsel.

Vielleicht habe ich später einmal in einer Auseinandersetzung zu Lambsdorff gesagt: »Dann schreiben Sie doch mal auf, was Sie meinen.« Praktisch am nächsten Tag zog er ein Papier aus der Tasche, das seine Mitarbeiter längst sorgfältig vorbereitet hatten. In der Sache hatte das Papier theoretisch teilweise Recht, praktisch war es aber Unfug, denn es war politisch undurchführbar. Auch heute noch würden Teile des Lambsdorff-Papiers

Sinn machen, schließlich ist Papier geduldig. Es gab damals niemanden, der all das hätte verwirklichen wollen oder können. Auch die spätere Koalition zwischen Kohl und Genscher hat es nicht verwirklicht.

Vor einigen Jahren habe ich mich mal mit Lambsdorff ein bisschen flachsend darüber unterhalten, und ich habe gesagt: »Ihr schönes damaliges Papier, das können Sie ja heute noch der Regierung Kohl vorhalten.« Da hat Lambsdorff geantwortet: »Ja, da haben Sie Recht. Nur heute haben wir keinen anderen möglichen Koalitionspartner.«

Die Führung der FDP wollte raus aus der Koalition. Die FDP ist eine Pendlerpartei, wie mein Freund Herbert Wehner gesagt hat; sie lebt davon, dass sie sowohl dieses kann als auch jenes. Die waren zu der Überzeugung gekommen: »Wir müssen mal wieder die Koalition wechseln, sonst verlieren wir an Bedeutung.« Das war das eigentliche Motiv, es hatte mit Ökonomie nichts zu tun.

Auch der Dissens zwischen mir und Teilen der SPD bezog sich nicht auf die Ökonomie. Der Dissens war in Bezug auf den NATO-Doppelbeschluss viel wichtiger, aber auch er hat nicht das Ende der sozial-liberalen Koalition ausgelöst.

Otto Graf Lambsdorff

Bundeswirtschaftsminister Otto Graf Lambsdorff formuliert 1982 sein »Lambsdorff-Papier« – es führt zum Bruch der sozialliberalen Koalition

Ein solches Papier schreibt der Bundeswirtschaftsminister nicht alleine. Es gibt noch ein schönes Foto von der Schlussredaktion, in meinem Haus in Bad Münstereifel, ganz nah beim Sitz der Friedrich-Ebert-Stiftung, und da saßen also Otto Schlecht und Hans Tietmeyer um den Tisch herum und wir haben das Papier fertiggemacht.

Der Anstoß waren die bedrohliche wirtschaftspolitische Situation in der ersten Hälfte des Jahres 1982 sowie die Diskussion um den zu verabschiedenden Haushalt. Und da saß ich mit Hans-Dietrich Genscher eines Tages bei Helmut Schmidt, es muss Ende August gewesen sein, in seinem Amtszimmer, und trug ihm meine Besorgnisse vor. Und er sagte: »Wenn Sie Besorgnisse haben, dann schreiben Sie mir das doch auf.« »Ja, gut, können Sie in vierzehn Tagen kriegen.« Da habe ich ihm das in vierzehn Tagen zugeschickt und dann ging es los. Und das war nun nicht das, was unbedingt alle lesen wollten.

Natürlich war das für die Sozialdemokraten »unverdauliches Zeug«. Aber ich habe aufgeschrieben, was ich für notwendig gehalten habe, nicht, was ich für durchsetzungsfähig gehalten habe. Das war und ist kein Kompromiss-Papier. Als ich das im September übergeben habe, hat sich das Ende der Koalition sehr schnell vollzogen. Diese Koalition ist jedoch in erster Linie nicht wegen der wirtschaftspolitischen Auseinandersetzung zu Ende gegangen, sondern wegen des NATO-Doppelbeschlusses und der Weigerung der SPD, etwas gegen die SS20-Aufrüstung der Russen zu tun für ihren eigenen Kanzler, der den NATO-Doppelbeschluss erfunden hatte.

Hilmar Kopper

Hilmar Kopper treibt als Vorstandsmitglied die Internationalisierung der Deutschen Bank voran. Er spürt, dass Deutschland inmitten der Globalisierung an Fahrt verliert

Man merkte auf Grund des Ölpreisanstiegs plötzlich, wie wichtig eine »Commodity«, ein Produkt war, und wie politisch dieses Produkt war, weil nun ins Bewusstsein rückte, wo man es herbekam. Wir dürfen nicht vergessen: daraus ist bei der Versorgung der Bundesrepublik hinterher auch eine andere Politik entstanden.

Wir hatten ja auch noch diese große Auseinandersetzung mit den Amerikanern bei dem berühmten Gasröhrengeschäft mit der Sowjetunion. Da haben wir uns Gott sei Dank durchgesetzt. Ich glaube, hier ist zum ersten Mal allen Leuten klar geworden, dass es Abhängigkeiten gibt in einer modernen Wirtschaft, die wir früher nicht kannten.

Der Ölpreisanstieg wurde noch nicht mal als richtige Krise realisiert. Es wurde einfach realisiert, dass nun die erste Unterbrechung beim Wachstum da war, Stagnation. Man ging natürlich damals auch davon aus, dass man das auch wieder in den Griff bekommt. Ich muss ja nicht an Helmut Schmidt und seine Rezepte erinnern. Aber plötzlich stellte man fest: so einfach ist das gar nicht für den Staat. Da war dieses Motto: »Lieber fünf Prozent Inflation als fünf Prozent Arbeitslosigkeit.« Es dauerte gerade ein Jahr, dann hatten wir beides. Also so ganz einfach mit den Stellschrauben, wie die Politik sich das vorgestellt hatte, war es schon damals nicht.

Das hat man lernen müssen, ein bisschen mühsam, vielleicht auch ein bisschen zu langsam. Wir haben damals Fahrt verloren.

Der Tempoverlust, die deutsche Langsamkeit war für uns natürlich besonders fühlbar und sichtbar in dem Bereich, den man selbst verantwortete, nämlich den der Finanzdienstleistungen. Die ewige Zurückhaltung der Bundesbank: da durften zum Beispiel kurzfristige Instrumente nicht in den Markt kommen, wir hatten keine »Certificates of Deposits«, Kurzläufer in DM waren angeblich aus Gründen der Stabilität der Währung nicht zulässig. Wir brachten das aus dem Ausland mit, wir saugten das ja draußen auf und importierten es nach Deutschland, das Know-how, manchmal die Menschen sogar mit dazu, um es nun hier und mit der DM als einer der führenden Währungen Europas umzusetzen. Mein Gott, wir sind gegen Gesetze, Behörden und Vorurteile angerannt. Vor allem gegen die Mindestreserve. Es ging zunächst alles nicht.

Hinterher hat sich herausgestellt, vieles davon, was da immer verlangsamend, abwägend und bewahrend gemacht wurde, war Unfug. Das hat bei uns dazu geführt, dass die Taktzahl einfach nachgelassen hat. Wir sind zurückgeblieben. Wir haben gerudert wie die Irren, aber man kam sich manchmal vor, als säße man in einem Ruderboot »Deutschland«, in dem es acht Steuerleute gab und nur einen, der ruderte.

Wir dürfen eines nicht vergessen: Neben dem Wissen und der Information ist das globalste Gut das Kapital. Das fließt über Grenzen, niemand hält es auf. Und wir waren mittendrin. Deswegen hat die Globalisierung uns

Banken eher erfasst, wir haben viel eher gemerkt, wo wir zurückblieben. Wir waren exponiert im internationalen Geschäft, wir wollten mithalten mit den anderen – im Interesse der deutschen Wirtschaft und unserer Mitarbeiter – und merkten, hier und da konnten wir nicht. Also haben wir nach Wegen gesucht, wo wir es doch konnten, indem wir raus gegangen sind.

Wir haben gesagt: »Wenn wir das hier eben nicht können, dann müssen wir es in Amerika machen oder in London«, und waren uns dabei immer wieder bewusst, dass das eigentlich etwas war, was wir als Deutsche Bank nicht wollten. Wir wollten eigentlich unser Geschäft in Deutschland machen. Wir wollten eigentlich gar nicht raus gehen, aber wir sind nach draußen gezwungen worden. Und dieser Zwang hält immer noch an.

Karl Otto Pöhl

1980 wird Karl Otto Pöhl Nachfolger von Otmar Emminger als Präsident der Deutschen Bundesbank. Geldwertstabilität ist sein oberstes Ziel

Das berühmte Wendepapier von Lambsdorff und Tietmeyer hat ja eine entscheidende Rolle gespielt. Es standen da wunderschöne Dinge drin, nur leider sind die alle nicht gemacht worden. Die schönen Reformen, die man dort versprochen hat, sind alle angekündigt, aber nie realisiert worden.

Die einzige Ausnahme ist in der Finanzpolitik gewesen. Die Finanzpolitik war sehr gut. Gerhard Stoltenberg war ja damals Finanzminister, meines Erachtens ein sehr guter Finanzminister. Er hat es geschafft, die Staatsquote, den Anteil des Staates an den Ausgaben, um einige

Punkte zurückzuführen, das war eine beachtliche Leistung. Nach der Wiedervereinigung war das nicht mehr möglich, da haben wir dann das Gegenteil erreicht.

Jürgen Hubbert

Trotz Ölkrise verkauft Daimler-Benz mehr Fahrzeuge als zuvor. Jürgen Hubbert sieht die C-Klasse als erste Reaktion des Autokonzerns auf die Energiekrise

Die erste Ölkrise war natürlich eine Überraschung. Niemand war vorbereitet auf diese Situation. Die leeren Autobahnen zu sehen und zu erleben war ein Schock für unsere Industrie. Wir haben allerdings daraus gelernt und so hat uns die zweite Krise Anfang der 80er Jahre dann nicht mehr so getroffen.

Wir haben 1982 den 190er eingeführt, ein Fahrzeug, das wir heute C-Klasse nennen. Ein Fahrzeug, unter folgenden Voraussetzungen entwickelt: Es kommen Zeiten, in denen Energie restriktiv eingesetzt werden muss. Wir müssen uns nach unten entwickeln, aber lass' uns den Versuch machen, das, was wir Premium nennen auch in neuen Segmenten anzubieten. Und wir sind ja dann später noch einen Schritt weitergegangen, indem wir die A-Klasse entwickelt haben.

Ein Unternehmen wie unseres muss in einer Zeit begrenzter Ressourcen solche Wege gehen und wenn ich das mal in die Zukunft entwickeln darf, dann hat unser Unternehmen inzwischen Milliarden investiert für eine Zeit nach der »Erdöl- und Erdgaszeit«, indem wir an verschiedenen anderen alternativen Konzepten arbeitet, und wirklich viel Geld ausgegeben haben, bevor das erste Fahrzeug in Kundenhand sein wird. Diese Industrie und unser Unternehmen richtet sich auf eine Zeit nach dem Erdöl ein, weil ich glaube, dass es zur individuellen Mobilität keine Alternative gibt.

Es gab bis zum Ende der 70er Jahre eigentlich nicht die Sorge, dass man nicht mehr zurückfinden könnte zu Vollbeschäftigung. Bis uns allen bewusst wurde, dass Globalisierung eben keine vorübergehende Erscheinung ist. Es ging um Wettbewerbsfähigkeit zwischen den Systemen und Ländern und auch zwischen den Industrien verschiedener Länder. Erst dann kam so langsam das Bewusstsein auf, dass bestimmte Arten von Arbeit in diesem Land nicht mehr möglich waren. Wir haben erlebt, dass plötzlich die sogenannte weiße Ware verschwand und dann die sogenannte braune Ware, und dass selbst bekannte Unternehmen ihre Tätigkeiten in Deutschland eingestellt haben.

Aber erst als es in Richtung Auto ging, kam der große Aufschrei. Jetzt ist plötzlich eine der Kernindustrien des Landes gefährdet. Aber begonnen hat diese Entwicklung schon in den 70er Jahren und nicht zuletzt durch die damals dramatischen Steigerungen der Arbeitskosten.

Meinhard Miegel

Meinhard Miegel gründet 1977 gemeinsam mit Kurt Biedenkopf das Institut für Wirtschaft und Gesellschaft (IWG BONN). 1981 stellt das IWG BONN ein Modell zur Reform des Rentensystems vor

Deutschland konnte schon Ende der 70er Jahre nicht mehr erwirtschaften, was die Gesellschaft an Löhnen und Renten erwartete. Um sie nicht zu enttäuschen, produzierte die Politik »Geldschaum«, das heißt sie tolerierte eine erhebliche Geldentwertung. Als Helmut Schmidt und sein damaliger Finanzminister Matthöfer etwa ab 1980 umzusteuern versuchten, mündete das in Schmidts Sturz. Ein grundlegender Kurswechsel blieb aus. Auch Helmut Kohl, der 1982 die Regierungsverantwortung übernahm, dachte nicht daran, wirklich Grundlegendes zu verändern. Im Grunde setzte er die alte Politik recht gradlinig fort. Die sechzehn Jahre Kohl waren keine Reformjahre. Man ließ die Bevölkerung weiter träumen.

Als ich Ende der 70er Jahre damit begann, die demografische Entwicklung zu thematisieren, gab es keinerlei Reaktion. Hätte man mich für einen Narren gehalten, wäre das immerhin etwas gewesen. Aber so schwieg man ganz einfach. Dabei gab es kaum Unterschiede, ob ich vor Unternehmern, Politikern oder Gewerkschaftern redete. Reaktionen zeigten sich erst in den 90er Jahren.

Wenn ich ehrlich bin, habe ich zwanzig Jahre lang gesät, ohne dass viel von der Saat aufging. Das änderte sich erst im Laufe der 90er Jahre. Aber auch heute noch will etwa die Hälfte der Bevölkerung nichts über die Veränderungen von Demografie, Wirtschaft und Sozialsystemen wissen. Sie verhält sich, wie sich viele Jahre lang auch die Politik verhalten hat, die ja auch die Probleme auszusitzen versuchte. Das war nicht nur eine Besonderheit von Helmut Kohl, sondern das ist eine Grundhaltung der Politik. Sie hofft, die Probleme werden sich schon irgendwie von selbst lösen. Das tun sie auch. Aber zumeist nicht in einem evolutionären, gleitenden Prozess sondern durch harte, gewissermaßen revolutionäre Brüche.

Heinz Dürr

1980 wechselt Heinz Dürr an die Spitze des schwer angeschlagenen Technologiekonzerns AEG-Telefunken

Den wirklichen Einschnitt, den Wegfall des Kalten Krieges, der die Globalisierung überhaupt erst ermöglicht hat, haben wir überhaupt nicht erwartet. Wir haben schon geglaubt, es geht eigentlich so weiter. Auch die Energiekrise traf uns unvorbereitet. Wir haben zu der Zeit eine Anlage gebaut bei BMW in Dingolfing, waren in der Endphase der Montage, da kam der technische Vorstand und sagte: »Wisst ihr, wie viele Autos wir heute verkauft haben? Dreiunddreißig.« Insgesamt 33 Autos, und wir haben eine neue Fabrik gebaut. Doch der damalige BMW-Chef von Kuenheim hat gesagt: »Die Fabrik wird eröffnet, die Nachfrage kommt wieder!« Und dann ging das ja alles wieder aufwärts.

1980 habe ich dann die Leitung der schwer angeschlagenen AEG-Telefunken übernommen. Die Herausforderung war ungeheuer. Meine Leute in der Firma Dürr habe ich gefragt: »Kriegt ihr das hin?« Die haben geantwortet: »Wir haben doch gerade den Streik hinter uns, da waren Sie nicht da, es ist doch gelaufen, wir kriegen das hin.« Meine Entscheidung für den Wechsel war beeinflusst durch einen Mann wie Herrn Merkle, den damaligen Bosch-Chef, der mich bestärkt hat, und ich wollte es allen zeigen.

KAPITEL 8

1982 bis 1989: Das System Helmut Kohl

Der neue Mann in dem quadratischen Bau an der Bonner Adenauer-Allee hat einen immensen Vorteil: er wird unterschätzt. Das Satire-Blatt »Titanic« kreiert die Witzfigur »Birne«, in der ein Kanzler frugal verfremdet durch die Landschaft tölpelt, seine Lapsi und der schwere Akzent belustigen das Fernseh-Publikum. Doch Kohl hat reichlich Erfahrung aus der Mainzer Provinz, er weiß, wie man fragile Machtverhältnisse austariert; und er weiß, dass er nur so gut wie seine Leistungsträger sein kann. So hat er für (fast) jeden Bedarf einen Mann am Start: Der dröge Holsteiner Gerhard Stoltenberg soll die maroden Finanzen richten, Norbert Blüm ist fürs Soziale zuständig, der Wendeauslöser Lambsdorff für die reine Lehre und das Wachstum, während sein Parteifreund Genscher als reisefreudiger Außenminister sich selbst in der Luft begegnen darf. Doch anders als von vielen Sozialdemokraten befürchtet, inszenieren die Neuen keinen Klassenkampf. Die Rezepte aus dem Lambsdorff-Papier werden kaum angewendet. Während die IG Metaller für die 35-Stunden-Woche kämpfen, setzt Norbert Blüm eine Vorruhestandsregelung in Gang, die nicht nur den Heimwerkermärkten neue Kunden beschert, sondern auch den Unternehmen bequeme Outplacement-Chancen auf Steuerzahlers Kosten. Und den jüngeren Arbeitsplatzbesitzern die Gewissheit, nicht mehr mit erfahrenen Kollegen um die Jobs konkurrieren zu müssen. Das Land gewöhnt sich an die über zwei Millionen Arbeitslosen; die Zahl scheint ihren Schrecken zu verlieren, zumal es allen anderen Deutschen besser geht als je zuvor. So kann man sich einen Kanzler leisten, der durchs Ausland tapst, vor Untersuchungsausschüssen unter »Blackouts« leidet, aber auch die »Milliardenkredite« an die fast vergessenen Brüder und Schwestern im Osten passieren lässt. Nur beiläufig wird registriert, dass in Wiesbaden ein unkonventionell gekleideter Polit-Novize seinen Amtseid als Minister ablegt. Die Grünen haben die Niederlage im Nachrüstungsstreit akzeptiert und kommen in den Ämtern der Realpolitik an. Einige von ihnen sind auch dabei, als DDR-Vormann Honecker 1987 seine Visite beim Klassenfeind in Bonn macht. Der alte Kommunist mag dunkel ahnen, dass der diplomatische Höhepunkt seiner Karriere das Präludium zu seinem Abstieg ist.

Helmut Schmidt

Helmut Schmidt verzichtet 1982 auf eine weitere Kanzler-Kandidatur. Er gehört noch bis 1987 dem Deutschen Bundestag an

Seit dem Ende der 80er Jahre hat sich die Zahl der Teilnehmer an der Weltwirtschaft verdoppelt. Die Auswirkungen der Lohnpolitik der 70er Jahre hätten keine so große Bedeutung gewonnen, wenn nicht dieser Globalisierungsprozess stattgefunden hätte. China ist dazugekommen, 1,3 Milliarden Menschen, alle Nachfolgestaaten der Sowjetunion sind hinzugekommen, 300 Millionen Menschen, Indien ist dazugekommen, eine Milliarde Menschen. Das sind alles Länder, in denen wesentlich niedrigere Löhne gezahlt werden als bei uns, in denen auch die reale Kaufkraft der Löhne wesentlich niedriger ist als bei uns. Diese so genannte Globalisierung, insbesondere der Finanzmärkte und des Handels, hat das Problem der Lohnunterschiede natürlich wesentlich stärker transportiert, als das noch in den 70er Jahren der Fall gewesen ist.

Der letzte große Fehler aus dieser Zeit war die Erfindung der Pflegeversicherung. Sie wurde eingerichtet zu einem Zeitpunkt, als man wissen musste, dass weder die Arbeitslosenversicherung noch die Rentenversicherung noch die Krankenversicherung auf die Dauer in bisheriger Weise finanzierbar waren. Jetzt kam noch ein weiterer Zweig der Sozialversicherung hinzu.

Otto Graf Lambsdorff

Otto Graf Lambsdorff bleibt auch nach der »Wende« für das Wirtschaftsressort zuständig. Neben Finanzminister Gerhard Stoltenberg und Arbeitsminister Norbert Blüm ist er einer der Eckpfeiler im Kabinett Kohl

Es sind unter Kanzler Helmut Kohl einige Probleme angegangen worden, die ich in meinem Papier beschrieben habe. Es begann damit, dass Kohl sagte: »Also Stoltenberg, Blüm, Lambsdorff, setzt euch mal zusammen und macht eure Vorschläge und ich sehe zu, dass ich sie umsetze.« Und das haben wir dann am Anfang der neuen Koalition getan. Die Themen: Konsolidierung, Flexibilisierung am Arbeitsmarkt, eine Steuerentlastung in erheblichem Umfang. Damals mit Stoltenberg wurde die Steuerreform mitentwickelt. Und damals konnte man auch mit Blüm in dieser Richtung noch sachverständig reden. Menschlich ging es sowieso eigentlich immer. Und ich sage heute mit voller Überzeugung: Wenn wir von '82 bis '89 nicht auf der Basis dieser Grundsätze Politik gemacht hätten, dann hätten wir 1989 den wirtschaftlichen Anforderungen der Wiedervereinigung mit total leeren Taschen gegenübergestanden. So ging es schon besser.

Kurt Biedenkopf

Kurt Biedenkopf legt 1981 gemeinsam mit Meinhard Miegel ein Modell zur Reform des Rentensystems vor. Er verliert 1987 den NRW-Landesvorsitz der CDU an Norbert Blüm

Die eigentliche Idee Helmut Kohls war es, die politische Debatte auf eine neue Ebene zu heben: die geistig-moralische Wende. Sie sollte die politische Auseinandersetzung auf einer Ebene ansiedeln, die nicht wirtschafts-, sozial- oder finanzpolitisch definiert war. Dazu gehörte auch, wieder über die deutsche Nation und deren Zukunft zu sprechen. Eine Debatte darüber war nach der deutschen Einheit leichter, als während der Zeit der Teilung. Helmut Kohl selbst war, soweit es um die deutsche Nation und deren Interessen ging, eher zurückhaltend. Er wollte durch die Diskussion nationaler Interessen keine europäischen Irritationen und kein Misstrauen bei unseren Nachbarn auslösen. Gerhard Schröder ist jünger und behandelt den Gegenstand unbefangener. Er artikuliert nationale Ziele Deutschlands in Europa mit stärkerer Betonung der nationalen Dimension. Die Wirkung ist, dass sich das notwendige Gespräch über die nationale Identität der Deutschen langsam aus der Tabuisierung löst, die es lange Zeit verhindert hat.

Die von Helmut Kohl angekündigte geistig-moralische Wende hat sich nicht wirklich entwickelt. Dagegen hat er möglicherweise eine Wende in der Europa- und Außenpolitik herbeigeführt. Die erste politische Last, die er sich aufbürdete, war, das durchzusetzen, an dem Helmut Schmidt gescheitert war: den NATO-Doppelbeschluss. Der Doppelbeschluss war die Voraussetzung dafür, den Sowjets zu verdeutlichen: Wir können Deutschland nicht von Amerika trennen. Dies ist gelungen und war für die weitere politische Entwicklung in Europa entscheidend. Auch später hat Helmut Kohl die europäische Einigung kraftvoll vorangetrieben.

Im wirtschaftspolitischen Bereich hat Helmut Kohl dagegen viele Entwicklungen zugelassen, die nicht nötig gewesen wären und die uns jetzt zum Teil zu schaffen machen. Dies gilt insbesondere für die Sozialpolitik. Er hat ihre Gestaltung im Wesentlichen Norbert Blüm überlassen, dem einzigen Minister, der die ganzen sechzehn Jahre Mitglied des Kabinetts Kohl war. Blüms Politik war nicht sozialdemokratisch. Sie war geprägt von der Weigerung, die tiefgreifenden Veränderungen der Wirklichkeit, in denen sich der Übergang von der Industriegesellschaft zur Wissensgesellschaft manifestierte, und die dramatische Veränderung des Bevölkerungsaufbaus als Folge der demografischen Revolution zur Kenntnis zu nehmen und zur Grundlage sozialpolitischer Veränderungen zu machen. Für Norbert Blüm waren die vorhandenen Strukturen Ausdruck bestimmter Wertvorstellungen, was ursprünglich zutreffend war. Er ist dann jedoch an den Strukturen hängen geblieben und war unfähig, sie in dem notwendigen Umfang zu verändern. Er hat an einer Wirklichkeit festgehalten, die es nicht mehr gab: der Wirklichkeit der Industriegesellschaft. Seine Politik war die Sozialpolitik der Industriegesellschaft. Bereits in den 80er Jahren wurde jedoch deutlich, dass wir die Industriegesellschaft hinter uns lassen würden. Die sogenannte Wissenschaftsgesellschaft stellt andere Anforderungen an die sozialen Strukturen und Institutionen.

Hilmar Kopper

Hilmar Kopper erlebt den Aufstieg der Japaner auf dem Finanz- und Elektroniksektor. 1989, nach der Ermordung Alfred Herrhausens, wird er Vorstandssprecher der Deutschen Bank

Wir haben gesehen, wie die Japaner wuchsen, und haben den Atem angehalten. Das galt auch für die japanischen Banken damals. Die waren ganz schnell die führenden Kreditinstitute in der Welt, haben uns überholt, sind dann hart abgestraft worden und haben jetzt ihre Krise noch nicht überwunden. Wir sahen vor allen Dingen die japanische Wirtschaft. Wir sahen die großen Sonys und Sharps dieser Welt, wie die mit einem immensen unternehmerischen Mut die Weltmärkte angingen. Nicht halb verzagt wie wir, trotz wunderbarer Produkte. Aber unser »Time-to-Market« war eine Katastrophe. Und dann der große Wettbewerb bei uns zu Hause. Die Japaner teilten sich die Märkte auf, kamen mit einem Produkt: Denken Sie an den berühmten Walkman von Sony, der die Welt eroberte, Sie können wirklich sagen, in drei Monaten. Die hatten auch die Kapazitäten, um mit Millionen-Stückzahlen den Markt zu überschwemmen.

Das haben wir nie geschafft. Wer weiß noch in Deutschland, dass wir mal das Fernsehen erfunden haben? Das berühmte PAL-System kam aus einer Firma, die es heute gar nicht mehr gibt. Die grandios pleite gegangene AEG-Telefunken. Wir haben das Fernsehen ebenso erfunden, wie wir das Auto erfunden haben. An dem hängen wir noch und haben es noch, aber beim Fernsehen? Nichts mehr. Und das gilt für andere Haushaltselektronik fast ganz generell, da ist in Deutschland nicht viel übrig geblieben.

Theo Waigel

Theo Waigel wird 1982 Chef der CSU-Landesgruppe in Bonn. Er vermittelt erfolgreich zwischen Kohl und Strauß. Waigel sieht Kohls Reformpläne vor allem durch die Sozialpolitiker Norbert Blüm und Heiner Geißler gebremst

Es gab damals eine große Koalition der Sozialpolitiker, jeder Spitzenpolitiker brauchte die Sozialpolitiker, sonst war man ganz schnell als neoliberal verschrien. Und diese Position haben die Sozialpolitiker Blüm, Geißler und andere benutzt. Bei Norbert Blüm war es so, dass er am Anfang, nachdem er Arbeitsminister wurde, mutig eine Reihe von wichtigen Dingen auf den Weg gebracht hat. Es begann ja 1982 damit, dass eine Rentenerhöhung um ein halbes Jahr verschoben wurde, das hat damals vier Milliarden DM gebracht, die waren wichtig für die Sanierung des Haushalts und für mehr Investitionen. Auch an anderer Stelle, beim Minderheitenschutz oder bei der Macht der Gewerkschaften, in den Betrieben bei der Frage, wie man durch einen Streik alles lahm legen könnte, hat er großen Mut gezeigt.

Dann kam eine Phase in der zweiten Hälfte seiner Zeit als Arbeitsminister, wo er immer nur sagte: »Mir fällt nichts mehr ein, man kann nicht mehr tun. Wir haben alles getan. Mehr an Sparen geht nicht. Größere Zumutungen sind nicht mehr möglich.« Da schlug das Herz sehr auf Seiten derer, die er vertrat, und es ist zu wenig klar geworden: Was ist volkswirtschaftlich noch möglich? Der Dualismus, oder ich würde sagen die Kongruenz zwischen Solidarität und Subsidiarität, war in eine Schieflage gekommen. Wir haben Solidarität auch als christliches Prinzip der Gemeinschaft ganz groß geschrieben und haben die Subsidiarität, die Eigenleistung, zu klein geschrieben. Und nun geht es seit Jahren darum, dieses Verhältnis neu zu justieren.

Es ist ja in der Ära Kohl und Stoltenberg, etwa '86/'88, zwar eine große Steuerreform gelungen, aber eine Steuerreform, die, was die Gestaltung des Spitzensteuersatzes anbelangt, unzureichend war. Und das ist gescheitert an den Sozialpolitikern der CDU. Vor allen Dingen an Geißler und an Blüm. Strauß und Lambsdorff und auch Kohl waren damals der Meinung, dass der Spitzensteuersatz endlich unter fünfzig Prozent kommt. Strauß hat völlig zu Recht gesagt: »Eine Steuer über fünfzig Prozent ist unmoralisch.« Später hat das Bundesverfassungsgericht das im Grunde bestätigt.

Ich glaube, der globale Wettbewerb hat uns zu einer Versachlichung der Diskussion gezwungen, und hat uns endlich wieder volkswirtschaftliche und finanzwirtschaftliche Grundfragen gelehrt. Aber richtig ist, dass die politische Entwicklung, die demografische Entwicklung, auch die Auseinandersetzung zwischen den Generationen nicht rechtzeitig zu den notwendigen produktiven Umänderungen in der Politik geführt haben. Das haben andere Länder wie die Niederlande oder Finnland oder auch Österreich besser vermocht.

Jürgen Hubbert

Jürgen Hubbert wird 1987 stellvertretender Vorstand bei Daimler-Benz. Er ist gemeinsam mit Werner Niefer für den Bereich Personenwagen verantwortlich. 1989 wird er in den Vorstand der Mercedes-Benz AG berufen

Helmut Kohl hat als Kanzler natürlich ein großes Schwergewicht auf die Wiedervereinigung gelegt. Seine geniale Leistung besteht darin, den Moment, den einzig möglichen Moment erkannt und genutzt zu haben. Damit hat er unserem Land eine Vielzahl von Chancen, aber, wie wir heute sehen, auch neuen Problemen eröffnet. Ich denke, dass die damalige Bundesregierung sich sehr schwer getan hat mit der Industrie und mit Industriepolitik. Das war nicht die erste Priorität.

Die Unternehmen haben darauf unterschiedlich reagiert. Wir haben damals begonnen, über die Landesgrenzen hinaus zu expandieren, weil wir gesehen haben: In vielen Teilen der Welt werden die Regierungen auf Dauer nicht einfach Importe zulassen, sondern die Autoindustrie selbst als eine Schlüsselindustrie aufbauen. Und das hat uns dazu bewogen, dann nicht nur in die USA zu gehen, sondern auch in Asien Produktionsstätten aufzubauen und damit einen Weg zu beschreiten, der auch dazu führt, dass eben die Möglichkeit besteht, den schwieriger werdenden Rahmenbedingungen in unserem Land durch Produktion außerhalb zu begegnen.

Heute haben wir die Situation, dass zwar die deutsche Automobilindustrie rund ein Fünftel der gesamten Weltproduktion verantwortet, dass aber vierzig Prozent der Produktion deutscher Unternehmen im Ausland stattfindet und dass unsere Zulieferindustrie mit einem weit höheren Anteil bereits im Ausland ist.

Meinhard Miegel

Meinhard Miegel legt 1987 gemeinsam mit Kurt Biedenkopf ein Thesenpapier zum Abbau der Staatsverschuldung vor. Er warnt, dass die Schulden des Sozialstaats zu Lasten der kommenden Generationen gehen

In Deutschland gibt es keine soziale Marktwirtschaft. Ein Teil der Wirtschaft ist marktwirtschaftlich organisiert und daneben steht ein gewaltiger Sozialstaatsbau. Beide haben recht wenig miteinander zu tun. Die wechselseitige Durchdringung von Ökonomischem und Sozialem hat nicht stattgefunden.

Als in den späten 40er und 50er Jahren die Menschen wirklich bedürftig waren, wendeten wir in Deutschland ein Sechstel dessen, was erwirtschaftet wurde, für soziale Zwecke auf. Mit steigender individueller Wohlhabenheit wurde dieses Sechstel auf ein Drittel verdoppelt. Das war für Erhard das Paradox seiner Zeit. Mittlerweile droht der Staat unter den Soziallasten zusammenzubrechen.

Norbert Blüm

Norbert Blüm wird im Kabinett Kohl Bundesminister für Arbeit und Sozialordnung. In seine Amtszeit fällt das befristete Vorruhestandsmodell sowie die Einführung eines demografischen Faktors in das gesetzliche Rentensystem

Wir haben 1982 einen überforderten Staat vorgefunden. Es wird ja so getan, als hätten wir im Kabinett Kohl sechzehn Jahre im Schlafwagen verbracht, doch damit kann ich nicht dienen. Wir haben im Sozialstaat schmerzhafte Sparprozesse durchgeführt. Die Sozialleistungsquote ist bis 1990 um mehr als drei Punkte gesunken. Dann ist sie wieder gestiegen, wegen der Deutschen Einheit und wegen der Arbeitslosigkeit. So viel kann Sozialpolitik nicht sparen, wie Arbeitslosigkeit Geld kostet.

Das Lambsdorff-Papier habe ich nicht täglich gelesen, das ist für mich keine Bibel. Der verehrte Graf setzt die Akzente anders als ich. Aber ich will nicht verheimlichen, dass sein marktwirtschaftlicher Anspruch beachtenswert ist: zu fragen, in welchen Bereichen der Wettbewerb etwas steuern kann. In der Krankenversicherung ist dann auch später der Wettbewerb zwischen den Krankenkassen eingeführt worden. Aber siehe da, die Liberalen haben vergessen, den Wettbewerb auf der Anbieterseite ebenso durchzusetzen. Solche Schlagseiten habe ich nicht gerne, weil dann die Interessenabhängigkeit deutlich wird. Bei den Anbietern, den Ärzten, sehe ich die Begeisterung, Wettbewerb durchzusetzen, nicht.

Ich war einmal dafür, die gesetzliche Altersgrenze der Rentenversicherung abzuschaffen. Die Leute sind alle erwachsen, sie können den Zeitpunkt ihres Ausscheidens selbst bestimmen. Man muss nur den Zeitpunkt fixieren, wann es Rentenzuschläge gibt und wann es Abschläge gibt, sonst kann alles frei bleiben. Schließlich sind die Präferenzen der Menschen sehr unterschiedlich: Der eine will mehr Freizeit, der andere mehr Einkommen. Diese Einheitslösungen sind nicht sinnvoll. Da bietet sich Flexibilisierung durch Eigenentscheidung an.

Aber der Bundesverband der deutschen Arbeitgeberverbände und die Freie Demokratische Partei waren gegen eine Abschaffung der Altersgrenzen. Der Grund: Wenn die gesetzliche Grenze wegfällt, kann sich der Arbeitgeber nicht mehr hinter dem Gesetzgeber verstecken. Dann muss er im Gespräch rechtzeitig den Übergang organisieren, für jeden einzelnen Arbeitnehmer. Das bedeutet mehr Aufwand, während Einheitslösungen einfach sind. Die selben Leute, die für Flexibilisierung des Arbeitsrechts sind, solange die Arbeitnehmer die Lasten tragen, sind plötzlich nicht mehr zu sehen, wenn die Lasten der Flexibilisierung auch mal auf die andere Seite fallen.

Die Dringlichkeit von Reformen zeigte sich darin, dass wir 1989 eine Rentenreform beschlossen haben, in der ein demografischer Faktor enthalten war. Wenn die Beiträge der Jungen steigen, dann sinkt nach dem Nettolohnprinzip der Rentenanspruch. Das ist jedoch ein ungenaues Instrument. Deshalb haben wir dann in der Schlussphase der Regierung Kohl noch einen genaueren demografischen Faktor eingeführt, den die Regierung Schröder außer Kraft gesetzt hat und jetzt unter anderem Namen wieder einführt.

Demografische Probleme wie Überalterung lassen sich übrigens durch keine Reform der Welt einfach auflösen. Weder durch ein kapitalgedecktes noch durch ein umlagegedecktes Verfahren. Demografische Veränderungen führen immer zu Umstellungsschwierigkeiten. Das gilt auch für abrupte Bevölkerungsvermehrung: Ein Grund für das Elend des Proletariats war die Bevölkerungsexplosion. Wenn das Gleichgewicht zwischen Jung und Alt außer Balance gerät, dann kommt jede Gesellschaft in Schwierigkeiten, und zwar nicht nur in der Rentenpolitik. Entscheidend ist letztlich immer die Produktivität der Arbeit: Im Jahr 1900 hat ein Bauer drei Nichtlandwirte ernährt. Heute ernährt er 88. Nach der Alarmtheorie von Herrn Miegel müssten wir jetzt alle verhungert sein. Das ist nicht der Fall, denn es kommt auf die Produktivität an.

Wolfgang Schäuble

Wolfgang Schäuble, seit 1981 Parlamentarischer Geschäftsführer der CDU/CSU-Fraktion im Bundestag, wird 1984 Minister für besondere Aufgaben im Kanzleramt. Er ist für deutschlandpolitische Fragen zuständig und wirkt auch an den Bonner Steuerreformgesetzen mit

Wir haben in der Legislaturperiode von '83 bis '87 eine Menge für die wirtschaftliche Belebung getan. Zu Beginn der Koalitionsverhandlungen im September '82 hat mich der designierte Bundeskanzler gebeten, mit Gerhard Stoltenberg Koalitionsverhandlungen zu den Finanz-, Wirtschafts- und Steuerfragen vorzubereiten. Wir haben uns dann auf ein Sofortprogramm in Höhe von einem Prozent des BIP, das waren vierzehn Milliarden Mark, verständigt. Das heißt, wir haben schon ein bisschen ökonomisch gedacht. Wir haben ab Herbst '82 eine Veränderung in den wirtschaftlichen Rahmendaten erreicht. Wir hatten uns ja vorgenommen, eine Steuerreform in drei Stufen '86, '88 und 1990 durchzusetzen. Die erste Stufe '86 war noch einigermaßen OK. Doch dann ging uns der Schwung verloren. Aber die ersten Jahre waren nicht so schlecht, da gab es auch eine Verstärkung der Investitionstätigkeit. Das war ja unser erster Ansatz. Wir haben dadurch eine Zunahme der Investitionen und einen deutlichen Rückgang der Staatsquote gehabt, was das Wichtigste war. Wir sind in Sachen Entbürokratisierung nie besonders weit gekommen, das ist wahr. Aber man kann ja auch nicht alle Dinge auf einmal in Angriff nehmen.

Wir haben außerdem den § 116 AFG reformiert, den

Streikparagraphen. Das war eine große Auseinandersetzung in der ersten Legislaturperiode. Wir hatten zuvor diese Arbeitskämpfe, wo die Gewerkschaften mit sehr begrenzten Streiks ganze Branchen lahm gelegt haben. Dann mussten wir, um das Arbeitskampfrecht funktionsfähig zu halten und die Waffengleichheit einigermaßen wiederherzustellen, die Neutralität der Bundesanstalt für Arbeit gewährleisten. In den Augen unserer politischen Gegner haben wir die Axt an die Tarifautonomie gelegt. Das ist falsch, denn wir haben im Gegenteil dafür gesorgt, dass sie noch funktioniert.

Das Trio Stoltenberg, Lambsdorff, Blüm war in der ersten Legislaturperiode, bis 1987, ein ungewöhnlich starkes Trio. Lambsdorff könnte heute noch Positives zu dem Norbert Blüm der 80er Jahre sagen. Wir haben dann Elan verloren nach der Bundestagswahl 1987, das sehe ich auch so. Dann kam noch diese überflüssige Debatte um die Frage des Spitzensteuersatzes, die uns die Koalitionsverhandlungen '87 ziemlich verhagelt hat. Das war der Anfang vom Ende der überragenden Stärke von Finanzminister Gerhard Stoltenberg.

Dann kam die Schwächung von Lambsdorff. Und wir haben in der Legislaturperiode ab '87 immer mehr an Dynamik und Gestaltungskraft verloren. Mit der Folge übrigens, dass wir die Bundestagswahl 1990 verloren hätten. Daran gibt es keinen ernsthaften Zweifel. Ohne die überragenden Veränderungen in Deutschland, Europa und der Welt, ohne die deutsche Wiedervereinigung wäre es sehr schwer geworden, die Bundestagswahl '90 noch einmal zu gewinnen, es hat niemand damit gerechnet. Aber, sagen wir mal bis '86, also die ersten drei Jahre, waren wir eigentlich doch ziemlich gut.

Heinz Dürr

Heinz Dürr leitet 1982 ein Konkursverfahren für AEG-Telefunken ein. 1983 bewilligt die Bundesregierung eine Bürgschaft von 1,1 Milliarden Mark, Telefunken wird an Thomson verkauft. 1985 kauft sich Daimler-Benz bei AEG ein

AEG-Telefunken war eine extrem bürokratisch, technokratisch strukturierte Firma. Wir hatten zu Beginn der 80er Jahre bei der AEG die vermeintlich beste Organisation der Welt. Es gab nur ein Problem: Der Kunde hat noch gestört. Ich war zu optimistisch, wie schnell man so eine Schieflage beseitigen kann. Die Banken haben dann nicht mehr mitgespielt. 1982 haben wir einen Vergleich gemacht, und im Vergleich gelten andere Regeln. Im Vergleich hat der Vergleichsverwalter mit dem im Amt befindlichen Vorstand die Möglichkeit, die Dinge wieder in Ordnung zu bringen.

Dann kam der Übernahmeplan von Daimler, der zum Technologiekonzern ausgebaut werden sollte, die hatten gerade Dornier übernommen und die AEG hatte ja ein großes technologisches Potenzial. Das hat Daimler interessiert, die Idee von Edzard Reuter war so gesehen richtig. Das Problem war nur, dass eine Unternehmenskultur Mercedes mit einer Unternehmenskultur AEG sehr schwer in Gleichklang zu bringen war. Die Kulturfrage hat eine sehr große Rolle gespielt. Wir haben AEG aus dem Vergleich herausgeführt, die Firma war dann wieder finanziell einigermaßen stabil. Ob die Übernahme durch Daimler richtig war? Die AEG ist ja inzwischen aufgelöst, sie gibt es heute nicht mehr, den Namen allerdings schon. Es war nicht meine Entscheidung, den Konzern auseinander zu nehmen. Ich hätte es anders gemacht, ich hätte mehr auf Fusionen mit anderen Firmen geachtet.

Norbert Walter

Norbert Walter plädiert 1985 für eine »Entfesselung der Marktwirtschaft«, um die Wachstumsschwäche zu überwinden. 1987 wechselt er zur Deutschen Bank

Wir haben nicht viel von den Forderungen, die in dem Lambsdorff-Papier Anfang der 80er Jahre formuliert wurden, wirklich zu Ende bearbeitet. Wir stehen in vielen wichtigen Fragen noch immer vor denselben wichtigen Weichenstellungen von damals.

Die Bereitschaft zur Frühverrentung, zu ABM-Maßnahmen, die nicht zu einer wirklichen beruflichen Qualifikation, sondern lediglich zu einer freundlicheren Arbeitslosenstatistik führten, ist aber nicht nur einer bestimmten Partei zuzuschreiben. Diese Bereitschaft war beiden großen Volksparteien eigen. Es gab eine »Sozialdemokratisierung« der deutschen Volksparteien, übrigens unter besonderer Ausprägung in der CSU. Nicht nur eine gewerkschaftlich orientierte, dem öffentlichen Dienst zugeneigte Sozialdemokratie, sondern auch eine Christdemokratie stand diesen Gedanken offen gegenüber.

Es war dann meine erste öffentliche Aufgabe als Prognostiker, für das Jahr 1975 die Zahl von einer Million Arbeitslosen in Deutschland zu verkünden. Ich dachte: »Sagst du jetzt etwas, was Weimarer Verhältnisse auslöst?« Ich habe schon Verständnis für die damalige Äußerung von Helmut Schmidt, fünf Prozent Inflation seien ihm lieber als fünf Prozent Arbeitslosigkeit. Andererseits war aber auch schon erkennbar, dass man mit den Rezepten der 60er Jahre in der internationalen Welt nicht mehr weiterkam.

Wenn man zu Hause die Konjunktur ankurbelt, erhöht man die Kosten und schubst damit anderen Ländern internationale Nachfrage zu. Karl Schiller hatte deshalb bereits das Handtuch geworfen. Das hätte Schmidt als erstes Warnsignal erkennen sollen. Aber in seiner Partei gab es eben nicht nur die Warner wie Karl Schiller. Es gab auch die Ehrenbergs, die noch entschlossener forderten, dass man testen sollte, was da an Verminderung der Gewinnquote der Unternehmen machbar sei und wie man die Situation für Arbeitnehmer erleichtern könne. Dieser Test ging deshalb so gründlich schief, weil sich die deutschen Unternehmen bereits intensiv im Wettbewerb befanden und in unmittelbarer Nachbarschaft in Europa der Wettbewerb bereits angenommen worden war. Dies hat die SPD nicht wirklich erkannt und deshalb ihrem Kanzler, der die Kräfte Schritt für Schritt konstruktiv bündeln wollte, die Zustimmung verweigert. Der schneller vorandrängende und sehr ehrliche Helmut Schmidt konnte seine Partei nicht mitnehmen.

Paul Kirchhof

Paul Kirchhof wird 1987 auf Vorschlag der CDU als Bundesverfassungsrichter nach Karlsruhe berufen. Seine Amtszeit währt bis 1999. Finanzminister Theo Waigel nennt Kirchhof einmal seinen »teuersten Richter«

Wir haben gewissermaßen immer wieder Autos in unsere Reparaturwerkstatt gestellt bekommen, die wir zu reparieren hatten. Die Autos waren aber irreparabel, weil steuerlich viel zu viele Bremsen eingebaut waren. Aber der Richter darf nur das entscheiden, was ihm durch Antrag aufgegeben ist. Er kann nicht konzeptionell arbeiten. Und wer einmal zwölf Jahre als Richter gearbeitet hat und dann das Glück hat, als freier Professor an die Universität Heidelberg zurückzukehren, den drängt es ungeheuer, das nachzuholen, was er als Richter nicht durfte: Ein neues, in sich stimmiges, gleichheitsgerechtes Steuerkonzept vorzulegen, in dem der Bürger wirklich das erlebt, was die Verfassung verspricht, nämlich gleichmäßige, aber maßvolle Steuerlasten.

Doch stattdessen dreht sich die Steuersubventionsspirale immer schneller: Wir haben nicht mehr eine große Distanz zwischen Steuerstaat und Steuerbürger, ein allgemeines Gesetz, das dem Bürger niedrige Abgaben garantiert, sondern der Abgeordnete empfiehlt sich seinem Wähler als Vordenker für neue Ausgabenprogramme und Staatsleistungen. Damit wird das Denken der Bürger grundsätzlich verfremdet. Wenn der Mensch sein Einkommen nicht mehr durch Einsatz von Arbeit am Markt erzielen will, sondern Einkommen im Staatshaushalt zu erzielen hofft, kämpft er ja für die Steuererhöhung des anderen. Denn wenn er eine Subvention oder Steuervergünstigung bekommt, muss es der andere bezahlen. Und je mehr wir den Einfluss der Bürger und im Wesentlichen den Einfluss der gut organisierten Bürger, der Verbände, auf den Staatshaushalt zulassen, desto weniger haben wir die demokratische Grundtugend praktiziert: die Allgemeinheit des Gesetzes.

KAPITEL 9

1989/90: Crashkurs in die Einheit

Helmut Kohl sitzt in Warschau, als ihn die Nachricht von der Öffnung der Berliner Mauer erreicht. Das, was folgen könnte, hat sich vermutlich keiner der dann Handelnden trotz aller Signale aus dem Block der Sowjet-Satelliten vorstellen können. Die ersten West-Ost-Grenzgänger berichten von Zuständen, die die Besucher von Leipziger Messen oder offiziellen Treffen in Ostberlin sich kaum vorstellen konnten. Das Land östlich der Mauer ist keine Industriemacht, sondern ein marodes Gemeinwesen, das auch nach DDR-Quellen seit Jahren am Rande des Bankrotts operiert. Doch darum geht es jetzt nicht. Helmut Kohl sieht die Chance, die DDR herauszulösen aus dem Sowjetsystem. Seine besten Verbündeten dabei findet er jeden Montag auf den Straßen von Leipzig, Dresden oder Berlin. Die Ostbürger sind genervt von Gängelei und Enge, und sie sind bestimmt auch angezogen von den Reizen, die ihnen der abendliche Genuss des Westfernsehens bietet. Helmut Kohl setzt auf den Vorrang der Politik; die Wirtschaft kommt, wenn erst einmal die Grenze endgültig geschleift ist. Sein Pech: die Prozesse hängen so dicht aneinander, dass für herkömmliches Krisenmanagement kein Spielraum bleibt. So schlittert die westdeutsche Polit-Elite nach der Silvester-Euphorie 1989 im Eiltempo in eine Reihe von Baustellen, von denen einige bis heute Ruinen sind. Die DDR-Bürger wollen und bekommen die D-Mark, sie bekommen einen Tarifvertrag, der ihre Gehälter in Sichtweite der Westdeutschen bringt – leider kann die bald niemand mehr zahlen. Sie bekommen die Treuhand, die sich an der Hinterlassenschaft der SED-Planer abarbeitet und ein prima Feindbild für die Wendeverlierer abgibt. Sie bekommen Gebrauchtwagenmärkte, Videotheken und die Wirtschafts- und Sozialunion. Das freut die Rentner. Neue Jobs aber bekommen sie nicht. Unternehmerische Initiative wird durch den Wust der Regelungen gebremst, der mit der Einheit nach bundesrepublikanischer Art auch zwischen Rostock und Zwickau zu gelten hat. Und die Wessis? Sitzen griesgrämig über ihren Lohnabrechnungen, die bald darauf den Abzug eines Solidaritätszuschlages vermerken. Dabei hatte der Aufbau Ost doch ohne Steuererhöhungen vonstatten gehen sollen.

Helmut Schmidt

Helmut Schmidt empfiehlt, wegen der Kosten der Einheit in Westdeutschland drei Jahre lang auf Tariflohnzuwächse zu verzichten. Die schnelle Währungsunion nennt er »ökonomischen Dilettantismus«

Es gab mehrere zentrale ökonomische Fehler während des Einigungsprozesses. Es war richtig, die DM einzuführen für die DDR. Es war aber zerstörerisch, Löhne und Preise im Verhältnis eine Ostmark gleich einer DM anzugleichen. Das führte innerhalb weniger Monate dazu, dass kein Mensch mehr seinen Trabi kaufen wollte, den er angezahlt hatte, weil der brandneue Trabi plötzlich über 10 000 DM kosten sollte; aber der Trabi war qualitativ nicht entfernt so gut wie ein drei oder vier Jahre alter Opel oder Ford aus dem Westen – aber die westdeutschen gebrauchten Fahrzeuge waren viel billiger! Der Trabi wurde also unverkäuflich, das gleiche galt für den Wartburg und für sehr viele andere DDR-Erzeugnisse, die plötzlich unverkäuflich wurden. Eine schnell ansteigende Arbeitslosigkeit war deshalb die zwangsläufige Folge des falschen Umstellungsverhältnisses; und ebenso zwangsläufig waren die Löhne nicht zu halten.

Der zweite zentrale ökonomische Fehler war die Art der Privatisierung. Es gab in ganz Ostdeutschland keinen Menschen mit Kapital, der auch nur eine kleine bisher »volkseigene« Klitsche hätte kaufen können. Es gab auch niemanden, der Zugang zu Banken hatte, um sich Kredite zu verschaffen und damit eine kleine Firma zu übernehmen. Alle Firmen, die privatisiert wurden, kamen so in die Hände westdeutscher Eigentümer und Manager. Der dritte schwere Fehler war, sämtliche zigtausende von Paragrafen, die in Westdeutschland galten, über Nacht überzustülpen. Fast überhaupt kein Ostdeutscher konnte sich in diesem Dickicht zurechtfinden.

Zu diesen ökonomischen Fehlern kam noch der Zusammenbruch des COMECON in den frühen 90er Jahren hinzu. Anders gesagt: sämtliche Exportkunden der alten DDR verschwanden über Nacht. Die oben genannten drei Fehler waren absehbar, für den Wegfall der Auslandskunden kann Helmut Kohl nichts – immerhin hätte man wissen können, dass die alten Kunden der DDR im Osten Europas plötzlich nicht mehr in Verrechnungsrubeln zahlen konnten, dass sie aber DM nicht besaßen. Doch das gesamte Ergebnis dieser vier Faktoren sehen wir heute.

Diejenigen, die den Vertrag zwischen Ostberlin und Bonn ausgehandelt haben, verstanden nicht genug von der Ökonomie. Sie hätten wissen müssen, dass bei einem freihändigen Verkauf ostdeutscher Fabriken niemand in Ostdeutschland Geld hatte, um zu kaufen. Sie mussten sich vorstellen, dass eine Aufwertung der alten Ostmark um mehrere hundert Prozent die Verkäuflichkeit der Produkte aus Ostdeutschland auf null senken würde. Das hat der damalige Bundesbankpräsident Karl Otto Pöhl dem Bundeskanzler nachdrücklich warnend vorgetragen. Dass gleichwohl eine dramatische Aufwertung der Ostmark beschlossen wurde, war eine unglaublich optimistische, eine leichtfertige Entscheidung. Die Verantwortlichen auf beiden Seiten wussten, was sie politisch wollten, aber was sie ökonomisch auslösen würden, wollten sie nicht wahrhaben.

Es hätte zum Beispiel die Alternative gegeben, die Währungsumstellung schrittweise oder zu Marktpreisen vorzunehmen. Nicht im Verhältnis 1:1, sondern 10:3;

10:4 oder 10:5 wäre immer noch riskant gewesen. Es gab auch die Alternative, die Bürger der DDR von den zigtausenden Paragrafen zu verschonen, die plötzlich über Nacht hernieder regneten, auch die Privatisierung der »volkseigenen« Betriebe hätte viel besser durchdacht und vorbereitet werden müssen. Nein, das Ganze war eine große optimistische und illusionistische Aufwallung, es war ökonomischer Dilettantismus. Aber ich will keineswegs den Eindruck hervorrufen, als ob die damalige Opposition klüger gewesen sei.

Richard von Weizsäcker

Richard von Weizsäcker, seit 1981 Regierender Bürgermeister von Berlin, wird 1984 zum sechsten deutschen Bundespräsidenten gewählt. Er wird 1990 erstes Staatsoberhaupt aller Deutschen: »Sich zu vereinen heißt, teilen lernen«, mahnt Weizsäcker

Ich habe mich wie alle anderen über die Chance zur Vereinigung gefreut. Als alter Berliner habe ich etwas Tiefergehendes, Aufregenderes, Bewegenderes als den Fall der Mauer in meinem Leben nicht erlebt. Dann kam die Herstellung der außenpolitischen Bedingungen für die Vereinigung auf die Tagesordnung, und das ist im Zusammenwirken der deutschen Bundesregierung, der amerikanischen Freunde und der Einsicht von Gorbatschow hervorragend gelungen.

Dann kamen die Schritte für die Vereinigung im Inneren: Auf diesem Gebiet hatte keiner Erfahrung, und da sind natürlich auch Fehler gemacht worden. Was mir vor allen Dingen wichtig war: Es sollte nicht dabei bleiben, dass sich die westdeutsche Bevölkerung zwar aufrichtig über die Vereinigung freute, sich aber anschließend ihrem völlig unveränderten Leben wieder zuwandte und sich persönlich nicht aufgefordert sah mitzuwirken, um den Vereinigungsprozess im Inneren mit zu tragen. Früher, als viele Millionen Heimatvertriebene in die alte Bundesrepublik gekommen waren, hatten wir mit Hilfe eines großen Lastenausgleichs nicht nur im materiellen Sinne Wesentliches zu Stande gebracht. Wir hatten auch den Westdeutschen, die ihre Heimat nicht verloren hatten, auf diese Weise vor Augen geführt, dass es sie etwas angeht, um den vertriebenen Landsleuten dazu zu verhelfen, wieder neue Wurzeln zu schlagen. Das war sehr wichtig.

Dann kamen vierzig Jahre Kalter Krieg, und die Westdeutschen waren nicht unter den Zwangsbedingungen herangewachsen wie in der DDR. Nun durch einen neuen Lastenausgleich miteinander zu teilen, das hätte die Westdeutschen zu einer stärkeren Identifizierung mit dem Vereinigungsauftrag veranlasst.

Wir haben vor kurzem eine große, schreckliche Überflutung der Elbe erlebt. Dabei haben viele Westdeutsche in einem kaum erwarteten, wirklich sehr großzügigen Maß geholfen, um die Schäden zu überwinden. Ich war damals mitverantwortlich dafür, dass die zur Verfügung gestellten Mittel auch in einer gerechten Weise verwendet werden können. Und dann habe ich immer dazu aufgefordert: »Liebe Landsleute aus dem Westen, reist doch mal hin und schaut euch an, was dank eurer Solidarität alles geschehen kann.« Fünfzig Prozent aller Westdeutschen haben noch nie einen Fuß in die ostdeutschen Bundesländer gesetzt. In der deutschen Bevölkerung leben beinahe vier Fünftel im Westen. Ihr Interesse am Osten ist für uns alle sehr wichtig. Auch deshalb habe ich einen zweiten Lastenausgleich vorgeschlagen.

Dann traten wir also die Bundestagswahl Ende des Jahres 1990 an, und dann wurde der westdeutschen Bevölkerung gesagt: »Es ist schön, dass wir für die Vereinigung waren, sie kostete euch nichts.« Das kann man heute sich gar nicht mehr vorstellen, dass das damals im Ernst geglaubt und gesagt wurde.

Aber das war natürlich wieder verbunden mit dem Kampf um die Macht. Selbstverständlich ist auch in der Regierung, oder in den politischen Parteien, manche optimistische Prognose im Bezug auf die weitere Entwicklung aufrichtig gewesen, auch wenn sie sich als falsch erwiesen hat. Ich meine: es ist damals ein Gemisch aus Wünschen und Erfahrungsmangel im Bezug auf einen solchen Prozess in Gang gekommen, der uns für Jahrzehnte Lasten auferlegt, ohne dass in der westdeutschen Bevölkerung immer genügend Verständnis dafür entwickelt werden konnte, einfach weil sie sich daran zu wenig beteiligt fühlte. Ich behaupte, im Jahr 1990 war die Bereitschaft zu einer persönlichen Hilfe und zu einem persönlichen Engagement vorhanden. Aber sie wurde nicht abgerufen. Das war ein Fehler.

Klaus von Dohnanyi

Klaus von Dohnanyi tritt 1988 als Erster Bürgermeister von Hamburg zurück. Im Juli 1990 übernimmt er den Aufsichtsratsvorsitz des Leipziger Schwermaschinenbauers Takraf, ein Unternehmen mit knapp 30 000 Mitarbeitern.

Unmittelbar nach dem Mauerfall habe ich einen Aufsatz über die Notwendigkeit der Wiedervereinigung geschrieben, als noch alle anderen höchstens von kooperativen Systemen oder Konföderation sprachen. Im Kabinett Schmidt oder Brandt habe ich in den 70er Jahren manchmal gesagt: »Die These ›Der Schießbefehl muss weg!‹ klingt zwar gut, aber sie ist im Grunde absurd, denn in dem Augenblick, in dem an der Mauer nicht mehr geschossen wird, ist die Mauer weg. In dem Augenblick, in dem sie die Mauer nicht mehr wirklich bewachen, reißen die Leute die Mauer ein.« Insofern wusste ich in der Nacht des 9. November 1989: Das ist die Wiedervereinigung. Mir war das absolut klar.

1990 bin ich dann im Frühjahr noch von der Modrow-DDR in den Aufsichtsrat von Takraf berufen worden und habe am Tag der Währungsunion den Vorsitz übernommen. Takraf war ein großes Unternehmen mit vielen Tochtergesellschaften und knapp 30 000 Menschen, aber generell nach westlichen Standards nicht wettbewerbsfähigen Produkten, obwohl sie auf einem hohen technischen Niveau nach dem Stand der Möglichkeiten der DDR waren. Ich habe absurde Dinge vorgefunden. Zum Beispiel wurden in einem Tochterbetrieb Gabelstapler produziert, aber nur mit Dieselantrieb, während der Elektrogabelstapler in Bulgarien hergestellt worden ist. Also war die Gabelstapler-Produktion nach 1990 gar nicht zu halten, denn kein Mensch wollte nach dem Mauerfall noch Dieselgabelstapler haben.

Ich habe sehr engagierte Leute und ungewöhnliche Betriebsräte vorgefunden. Für mich unvergesslich: Wir hatten am Schluss unseres Privatisierungsprozesses noch zwei Gießereien, eine große und eine kleinere, und wussten, dass wir die große Gießerei eigentlich nur würden halten können, wenn wir das Auftragsvolumen der kleinen Gießerei hinzutun könnten. Und das hieß: Schließen der kleinen Gießerei. Der Betriebsratsvorsitzende der kleinen Gießerei hat sich das Problem angehört und ist dann vor seine Belegschaft getreten und hat gesagt: »Wir müssen schließen, damit wir den großen Betrieb aufrecht erhalten können.« Das machen Sie mir mal vor, irgendwo in Westdeutschland!

Wir kämpften mit einer Mischung aus einer sehr schwierigen Marktlage und sehr guten, engagierten und sehr vernünftigen Mitarbeitern. Während dieser ganzen Privatisierung bis 1994 haben wir jeden einzelnen Arbeitsplatz gezählt, der 1990 bestand und 1994 bei Abschluß noch vorhanden war. Wir haben etwa 10 000 Arbeitsplätze bewahrt, was für Maschinenbau ungewöhnlich gut war. Ich habe zwischen '90 und '94 in dem mitbestimmenden Aufsichtsrat nicht ein einziges Mal die Arbeitnehmerstimmen gegen mich gehabt. Die Rahmenbedingungen waren schwierig, und die Treuhand hat sich immer wieder eingemischt mit dem Ziel, dass wir möglichst teuer verkaufen sollten, während ich immer möglichst unternehmerisch verkaufen wollte. Ich hätte lieber von den Leuten, die sich die Teile erworben haben, gar kein Geld genommen, und auch keine Verpflichtung für Arbeitsplätze. Entscheidend für mich war vor allem die Erkenntnis, dass der Erwerber ein wirklicher Unternehmer ist, der was daraus macht.

Otto Graf Lambsdorff

Otto Graf Lambsdorff ist seit 1988 Bundesvorsitzender der FDP, steht während der Wiedervereinigung aber im Schatten von Außenminister Hans-Dietrich Genscher

Ich glaube, Helmut Kohl hatte 1989 keine anderen Optionen. Er hat die Option genutzt, die sich ihm bot. Ich benutze das Wort historisch keineswegs so inflationär, wie allgemein üblich, aber das war eine historisch richtige Entscheidung. Es gab andere wirtschaftlich begründete Diskussionen und Vorschläge, wie man das hätte machen sollen, aber politisch hatte Helmut Kohl vollständig Recht. Die Menschen wollten die Wiedervereinigung, es hieß: »Entweder die DM kommt zu uns oder wir gehen zur DM.« All das ist unterm Strich gesehen mit vielen Fehlern, aber in der Kern- und Grundentscheidung richtig von Kohl und Genscher gemacht worden.

Es hat eine ökonomische Alternative, aber wirklich nur auf dem Reißbrett, gegeben. Ich habe sie einmal erwähnt: Lasst uns das mit Übergangsphasen machen. Das fand zornigen Widerspruch, interessanterweise auch aus der Sozialdemokratischen Partei. Politisch gesehen war der Widerspruch berechtigt und meine Vorstellung falsch. Bei allen Schwierigkeiten: Es bleibt für mich der schönste Tag in meinem politischen Leben, als wir im Wasserwerk in Bonn am Abend des 9. November die Nachricht bekamen, dass die Mauer in Berlin gefallen war. Das ist unglaublich und das kann man sich gar nicht oft genug in Erinnerung rufen.

Kurt Biedenkopf

Im April 1990 hält Kurt Biedenkopf an der Universität Leipzig seine Antrittsvorlesung. Anfang September 1990 nominiert ihn die sächsische CDU zum Spitzenkandidaten für die erste Landtagswahl. Im Oktober 1990 wird er zum ersten Ministerpräsidenten des Freistaates Sachsen gewählt

Mir war klar: Wenn Gorbatschow wirtschaftliche Freiheiten einräumt, kann er die politische Freiheit nicht mehr verweigern. Der Prozess macht sich selbstständig. Und er hat sich ja auch selbstständig gemacht. Ich habe dann im Dezember 1989 in Leipzig meine erste Vorlesung über die zukünftige Entwicklung der Einheit gehalten. Meine Antrittsvorlesung im April 1990 habe ich ebenfalls diesem Thema gewidmet.

Im Januar 1990 habe ich ein Gegengutachten zu dem damaligen Sondergutachten der Sachverständigen über die Voraussetzungen der Wiedervereinigung geschrieben. Mein Gutachten war realistischer, wie sich später herausstellte, als das der großen Wirtschaftsweisen. Denn die Voraussetzungen, von denen diese ausgingen, waren völlig weltfremd. Es fehlte ihnen jeder Bezug zur Realität. Die Vorstellung, man könnte die DDR so lange aufrechterhalten, bis es in der DDR eine Marktwirtschaft gibt, bis man die Außenhandelsbeziehungen begründet hat, und man dann am Ende die DM einführen könnte; solcher Unsinn ist selten von Gelehrten geschrieben worden.

Der Grund: Sie haben nicht berücksichtigt, dass mit dem Fall der Mauer alle Ostdeutschen Bundesdeutsche waren und die DDR de facto ihre Eigenstaatlichkeit verloren hatte.

Man musste handeln. Helmut Kohl stand vor der Tatsache, dass im Januar 1990 rund 68 000 Menschen von Ost nach West gewandert waren. Er musste etwas tun. Hätte er noch sechs Monate gewartet, dann hätten die noch vorhandenen wirtschaftlichen Eliten das Land verlassen.«

Die Treuhand hat rund 250 Milliarden DM ausgegeben, aber man kann sagen: Die Fehlentscheidungen haben nicht mehr als zehn Prozent ausgemacht. Als wir hier in Sachsen anfingen nach der Wahl im Herbst 1990, habe ich meinem Kabinett und meinen Mitarbeitern gesagt: »Wenn wir fünfzig Prozent richtig entscheiden, sind wir gut. Wenn wir fünfundsiebzig Prozent richtig entscheiden, sind wir fast genial, denn kein Mensch weiß, wie wir entscheiden sollen.« Das musste alles ohne jede Vorbereitung entwickelt werden. Stellen Sie sich mal eine Verwaltung vor, der Sie alle Vorgänge entziehen, so dass die Leute nicht mehr schauen können, ob es den Vorgang schon mal gab und man den kopieren kann. Man musste alles neu machen.

Hilmar Kopper

Im November 1989 übernimmt die Deutsche Bank die britische Investmentbank Morgan Grenfell. Hilmar Kopper ist maßgeblich an der Übernahme beteiligt. Auch in Ostdeutschland will die Deutsche Bank Präsenz zeigen und übernimmt 1990 die Deutsche Kreditbank mit 140 Filialen

Edgar Most war einer der wenigen, der uns überhaupt was über den Osten erzählen konnte, wir wussten ja so wenig. Da war dieses andere Land direkt neben uns, dazwischen war allerdings eine Mauer, aber keine Institution hier wusste, wie man die Bilanz eines VEB liest, was da überhaupt drin steht, welche Positionen dabei Eigenkapital sind und welche nicht.

Wir hatten keine Ahnung.

Wenn ich sage wir, dann meine ich auch die akademische Welt der Bundesrepublik. Wir suchten händeringend gleich nach dem Fall der Mauer Leute, die den Osten verstanden. Einer darunter war Edgar Most, aber unsere Gespräche damals waren auch sehr praktisch. Wir haben ja einen Teil der Staatsbank gekauft und ein Joint-Venture mit Edgar Most zusammen gegründet, nicht mit ihm persönlich, aber mit ihm als zweitem Mann der Staatsbank, und waren damals der größte Investor in Ostdeutschland als Deutsche Bank. Weit mehr als die deutsche Industrie, ohne jemals einen Pfennig von der Treuhand bekommen zu haben. Wir beschäftigten dort gleich am Anfang 8000 Leute. Da wir wussten, dass Open-Air-Banking noch nicht erfunden war, brauchten wir einfach Niederlassungen, und die haben wir der Staatsbank abgeleast; es waren meistens die alten der Deutschen Bank. Es war ganz putzig, da sah man noch über der Tür stehen: »Deutsche Bank«. Wir wollten in diesem neuen Teil unseres Landes von Anfang an eine Marktposition erreichen, die größer war als das, was wir im Westen hatten. Das ist uns gelungen. Was wir nicht richtig gesehen hatten war, dass der Markt der DDR ausschließlich im damaligen RGW [RGW = Rat für gegenseitige Wirtschaftshilfe] lag. In einem RGW, das mit Verrechnungsrubeln arbeitete und das natürlich alles aufnahm, was produziert wurde. Als es keine Verrechnungswährung mehr gab, als man in Hartwährung bezahlen musste, nämlich in DM, dann haben die gleich im Westen gekauft. Da war kein Produkt der ehemaligen DDR gut genug, um auch nur noch angefasst zu werden, wenn man für das gleiche Geld Westware bekommen konnte.

Damit entfiel der Markt. Der Osten kaufte seine Produkte ja selbst nicht. Rotkäppchen-Sekt wird noch gekauft, eine Erfolgsstory des Ostens. Aber sonst blieb nicht viel übrig außer ein paar Spreegurken. Und wir haben alle nicht gesehen, dass nicht nur die Verrottung der Gebäudesubstanz groß war, sondern auch die Verrottung der industriellen Leistungspalette. Es gab keine wettbewerbsfähigen Produkte. Da gab es einen nicht existierenden Chip bei Robotron, mit dem man die eigene Führung getäuscht hatte. Alles, was Sie dort sahen, wurde nicht den modernen Anforderungen gerecht, und deswegen ging es auch nicht weiter, es kollabierte. Es wurde produziert nach dem guten alten sozialistischen Brauch: nach Gewicht. Es kam auf den Verbrauch von Arbeitskraft, Energie, Material und Kapital nicht an. Aber das kann sich eine moderne Wirtschaft nicht leisten.

Theo Waigel

Theo Waigel übernimmt 1989 das Finanzministerium von Gerhard Stoltenberg. Im Mai 1990 unterzeichnet Waigel gemeinsam mit DDR-Finanzminister Romberg den Vertrag über die Wirtschafts-, Währungs-, und Sozialunion, die am 1. Juli in Kraft tritt

Meine besten Informationen hatte ich durch persönliche Besuche. Mitte der 80er Jahre war ich privat drüben und habe in einigen Städten festgestellt, dass die Heizung mit Braunkohle eine solche Katastrophe ist, dass die Menschen irgendwann einmal sagen werden: »Das halten wir nicht aus.« Ich habe vermutet, dass der ökologische Widerstand in der DDR stärker wird. Wenn bei uns schon die Grünen entstehen, dann muss auch da drüben trotz des Systems mehr Widerstand entstehen.

Und das zweite: Als ich 1987 oder ’88 in Leipzig auf der Messe war, und feststellte, dass die DDR im Bereich der computergestützten Investitionsprodukte nicht mehr wettbewerbsfähig war. Bis zu dem Zeitpunkt hatte ich angenommen, dass die DDR durch Plagiate und durch Wirtschaftsspionage die hohen Kosten, die wir dafür aufwenden, sparen und auf die Art und Weise doch modern sein könnte. Doch sie hatten den Anschluss verpasst. Das war der Punkt, wo sie keine Chance mehr hatten, den Anschluss zu finden.

Mir war klar, dass wir die Menschen nicht enttäuschen dürfen. Ich habe das erlebt in Dresden und in Chemnitz. Ich bin hingefahren an einem Samstagvormittag; es regnete in Strömen von Regensburg nach Chemnitz. Ich hatte mir vorgestellt: bei strömendem Regen, wie viele Leute können da im Freien zu einer Kundgebung zusammenkommen? 300 bis 500 Menschen dachte ich, mehr nicht. Und dann standen da 30 000 bis 40 000 Menschen bis auf die Haut durchnässt und haben gewartet. Das hat mir klar gemacht: die Menschen dürfen nicht enttäuscht werden, wir müssen dafür auch Opfer bringen. Das war eine moralische Pflicht.

Am Anfang sind wir alle von Stufenplänen ausgegangen. Das wäre auch ökonomisch das Beste gewesen. Zunächst in der DDR Schritt um Schritt die Marktwirtschaft einführen, die Preise freigeben, die Löhne zwischen Gewerkschaften und Unternehmern aushandeln lassen, privatisieren, Kapitalverkehrsfreigabe, und dann feststellen, welche Parität ergibt sich zwischen Ostmark und D-Mark. Das hätte man damals vielleicht auf 1:4 oder 1:5 geschätzt, so war das jedenfalls auf den Finanzmäkten.

Dann wurde mir schnell klar: Die Zeit von vier, sechs oder acht Jahren haben wir nicht. Wir hätten jedes Jahr Milliarden von Transferleistungen geben müssen, ohne einen Einfluss auf die Vergabe zu haben. Und ein zweites kam hinzu: Von den alten, kommunistischen Staatsverwaltungsbeamten konnten wir ja nicht viele gebrauchen. Die neuen, demokratischen Kräfte wären überfordert gewesen, über Jahre hinweg der Bevölkerung zu sagen: »Jetzt vollzieht sich ein schmerzlicher Anpassungsprozess.« Die Theologen, Mediziner, Naturwissenschaftler, die Mathematiker, die damals unbelastet waren und uns zur Verfügung standen, die eine großartige Arbeit geleistet haben und die ich auch heute noch hoch schätze, wären doch von der Wut des Volkes weggespült worden. Darum musste ein schneller Weg gefunden werden mit einem Anker, und das war eine stabile Währung. Nur über eine stabile Währung konnte auch der andere Prozess in Angriff genommen werden. Ich würde es heute genauso wieder machen.

Ich erinnere mich, wie Helmut Kohl, Graf Lambsdorff und ich uns am Vorabend des Besuches von Hans Modrow einigten: »Jawohl, wir schlagen die Währungsunion vor.« Wir mussten Modrow etwas anbieten. Der wollte 15 Milliarden DM haben, und ich habe damals entschieden: »NO!« Dann haben einige im Kabinett gesagt: »Aber gib ihm wenigstens zehn …« Ich sagte: »Nein, es hat keinen Sinn! Das ist Saatgut auf gefrorenem Boden. In der Volkswirtschaft und in den Betrieben drüben muss sich ein totaler Wandel vollziehen, makroökonomisch wie mikroökonomisch.« So kam das Angebot der Währungsunion zu Stande, das notwendig und sinnvoll war, das aber auch seine Probleme hatte. Es haben natürlich auch nicht alle mitgezogen. Das zeigt sich dann an der Entwicklung der Löhne und am Verhalten der Tarifpartner.

Die Bundesbank hatte damals einen Umtauschkurs von 2:1 vorgeschlagen. Am Schluss wurde es ein Umtauschkurs von 1,81:1, sehr nah an dem, was die Bundesbank wollte. Bei den Stromgrößen, also Löhne, Gehälter, Renten, Pensionen, da hat die Bundesbank uns nicht vorgeschlagen, das im Verhältnis 1:2 umzuwandeln. Man muss sich einmal vorstellen: von den 1000 Ostmark, die ein normaler Arbeiter verdiente, wären dann noch 500 DM übrig geblieben. Zum gleichen Zeitpunkt betrug der Durchschnittsverdienst im Westen fast 3000 DM. Bereits die Zahlen zeigen, dass die reine ökonomische Festlegung politisch und menschlich unmöglich gewesen und von niemandem akzeptiert worden wäre. Wir hätten eine Völkerwanderung von Osten nach Westen bekommen.

Karl Otto Pöhl

Bundesbank-Präsident Karl Otto Pöhl wird von der Entscheidung für eine Währungsunion überrascht. Er warnt davor, »die Wiedervereinigung mit der Notenpresse zu finanzieren«

In meiner Erinnerung ist es so, dass sich der Zentralbankrat, das politische Entscheidungsgremium, im Grunde genommen gar nicht so sehr mit dieser Frage beschäftigt hat und das gar nicht als ernsthafte Möglichkeit in Erwägung gezogen hat, dass es zu einer politischen Vereinigung kommen kann. Man hat das also staunend, auch etwas weltfremd, zur Kenntnis genommen.

Ich weiß noch, ich bin mit meinem Stellvertreter Schlesinger nach Ost-Berlin gefahren, ich war vorher in Bonn, habe mit dem Bundeskanzler und mit dem Finanzminister gesprochen, am nächsten Tag sollte ich nach Berlin. Ich fragte: »Soll ich überhaupt noch fahren?« »Ja, ja, fahren Sie mal!«

Es gab überhaupt keine Rede von einer Währungsunion. Im Gegenteil, Herr Hausmann, der damalige Wirtschaftsminister, hatte einen Plan vorgelegt, wie man sich schrittweise über einen Zeitraum von zehn Jahren annähern könnte. Und am Tag als ich in Ost-Berlin war, und mit dem Präsidenten der Staatsbank, Herrn Kaminski, auf den Treppen der Staatsbank vor Journalisten gesagt habe: »Also, Währungsunion, das kommt gar nicht in Frage, das steht gar nicht zur Debatte.« Am selben Tag, zur selben Stunde, haben die drei Parteivorsitzenden in Bonn beschlossen, der DDR eine Währungsunion anzubieten.

Ich war völlig baff und überrascht und auch konsterniert, fühlte mich auch desavouiert, das hätte man mir ja am Tag vorher schon sagen können. Ich vermute fast, dass die das spontan beschlossen haben. Wenn das längerfristig geplant war, dann um so schlimmer, dann hätte man mich zumindest daran hindern sollen, nach Ost-Berlin zu fahren.

Der Modrow hatte sich damals mit Kohl in Davos bei dem World Economic Forum getroffen. Und am Tag darauf hatte mich Kohl auch angerufen und mir lang und breit erzählt, was Modrow ihm erzählt hätte, wie schlimm die Lage der DDR sei. Der Modrow wollte ja nach Bonn kommen und hatte schon zur Eröffnung zwanzig Milliarden DM beantragt. Mein Gott, aus heutiger Sicht muss man sagen, das waren ja, um ein berühmtes Wort zu zitieren, »Peanuts«. Aber das wurde strikt abgelehnt, nicht bevor es eine Wahl gab. Na gut, es war auch eine politische Position, nicht die Kommunisten unterstützen und so weiter. Die DDR war in voller Auflösung, das war offensichtlich. Und Kohl hatte natürlich das Gefühl, dass er mit dem Angebot der Währungsunion sozusagen den letzten Nagel in den Sarg eingeschlagen hatte. Das ist politisch sicher alles richtig gedacht gewesen, vermute ich mal, und dass die Bundesbank nun vor den ökonomischen Wirkungen dieser Maßnahmen gewarnt hat, das wurde nicht so ernst genommen.

Ich muss im Nachhinein gestehen, dass ich schon geglaubt habe: Es wird schon ein Strom von Investitionen nach Osten fließen. Das ist eigentlich die größte Enttäuschung für mich gewesen nach dem Beschluss, die DM einzuführen in der DDR, dass das überhaupt nicht diesen dynamischen Funken ausgelöst hat wie damals die Entscheidung von Ludwig Erhard, die Bewirtschaftung aufzugeben. Da habe ich mich geirrt, muss ich ehrlich gestehen, denn ich habe schon die negativen Wirkungen gesehen, aber ich habe gedacht, wenn man so einen radikalen Schnitt macht, dann wird es dazu führen, dass nun wegen des Lohngefälles große Investitionen dahin fließen. Natürlich ist das Ganze noch verschlimmbessert worden durch die Aussicht, dass die Löhne möglichst schnell auf westdeutsches Niveau angehoben werden sollten. Das hat natürlich die letzten Investoren abgeschreckt. Es gab ja Investoren, aber die investierten in Supermärkte und Autoverkaufsstellen. Garagen und Tankstellen wurden gebaut, aber keine Industriebetriebe. Die Industriebetriebe gingen pleite, wurden von der Treuhand mühsam am Leben erhalten. Das war eigentlich die große Enttäuschung auch für den Zentralbankrat, dass Investitionen in die Industrie ausblieben.

Norbert Blüm

Zu den wichtigsten Aufgaben von Norbert Blüms Sozialministerium gehört die Umstellung des Rentensystems in Ostdeutschland. Ziel: die »soziale Einheit« herstellen

Nicht einmal die Herrscher in der DDR haben das wahre Ausmaß des Desasters erkannt. Es gibt einen Geheimbericht ans Zentralkomitee von Oktober 1989, der offenbar im ZK für eine große Überraschung gesorgt hat, nämlich dass die DDR-Wirtschaft kurz vor dem Bankrott steht. Die haben noch nicht mal sich selber die Wahrheit gesagt, sonst hätte man das ja schon früher in den Unterlagen finden müssen. Bis auf diesen Notschrei in letzter Sekunde gab es solch Alarmsignale in der DDR nie. Die sind von einer Produktionsolympiade zur nächsten weitermarschiert. Die haben ihre potemkinschen Dörfer für richtige Dörfer gehalten. Und wir auch.

Bundespräsident Richard von Weizsäcker war für ein vorsichtigeres Vorgehen. Aber das schnelle Vorgehen war ohne Alternative. Ich behaupte, schon vier Wochen später hätte Gorbatschow nicht mehr die Kraft gehabt, die »4 plus 2«-Abmachungen zu unterschreiben. Das gehört zu den großen staatsmännischen Leistungen von Helmut Kohl, dass er für den risikoreichen Schnellgang war. Wenn wir es hätten langsam machen wollen, hätten wir die Mauer wieder aufbauen müssen. Andernfalls hätte die Wiedervereinigung auf dem Gebiet Westdeutschlands stattgefunden, denn die DDR-Bürger hätten sich auf die Socken nach Westen gemacht. Der Schnellgang war richtig! Die Einheit kostet Geld, aber die Einheit ist doch nicht nur ein Kostengesichtspunkt. Auch wir in Westdeutschland haben gewonnen, das übersehen die Westdeutschen. Also, ohne Pathos, ich sehe mehr den Gewinn als die Last.

Wolfgang Schäuble

Wolfgang Schäuble wird 1989 Bundesinnenminister. Bei der Gestaltung des Einigungsvertrages ist er federführend. Durch ein Attentat im Oktober 1990 wird er schwer verletzt

Die alte Bundesrepublik wollte gar nichts davon hören, wie spätestens die Bonn-Berlin-Debatte gezeigt hat. Der Westen wollte nicht hören, dass die Wiedervereinigung eben nicht nur bedeutet, dass sich im Osten viel ändert, sondern auch für den Westen. Die Menschen waren bereit zur Solidarität. Aber sie waren nicht zu der Einsicht gekommen, dass jetzt auch für uns im Westen die Notwendigkeit da ist, etwas zu ändern. Dabei wäre es eine wunderbare Gelegenheit gewesen, sechzig Prozent von dem Schrott an Bürokratie, der sich angesammelt hat im Laufe der Jahre, abzuschaffen. Das aber hatte in Westdeutschland nicht den Hauch einer Chance auf eine Mehrheit.

Ich habe es bei dem Thema Regel-Ausnahme-Verhältnis im Einigungsvertrag selber erlitten. Ich stand völlig allein, weil ich gesagt habe: Wir vereinheitlichen nur das, was wir ausdrücklich aufzählen. Und das hätte einen anderen Mechanismus in Gang gesetzt. Die anderen waren alle dagegen. Es gab keine Veränderungsbereitschaft in Westdeutschland. Das hätte man eigentlich schon zu diesem Zeitpunkt sehen müssen. Die Einsicht ist uns dann erst deutlich später gekommen.

Zu den berühmten »blühenden Landschaften« und den Aussagen »das schaffen wir ohne Steuererhöhungen, das zahlen wir aus der Portokasse«: Ich habe die Festlegung, die Steuern nicht zu erhöhen, für falsch gehalten. Ich habe sie auch nie getroffen. Sie ist erst getroffen worden, als ich nicht bei Bewusstsein war, ich lag im Krankenhaus, denn vor der Wiedervereinigung gab es keine Festlegung darauf. Ich hatte mich immer auf Franz Josef Strauß bezogen, man solle nie »nie« sagen. Und dann ist es passiert.

Da war übrigens Graf Lambsdorff ausschlaggebend für die Festlegung, die deutsche Einheit ohne Steuererhöhung finanzieren zu wollen. Als Theo Waigel mich Ende November im Krankenhaus besucht hat, habe ich ihn gefragt: »Ja sag mal, was habt ihr denn um Gottes willen gemacht?« Er hat gesagt: »Nachdem die FDP und der Lambsdorff so anfingen … da blieb uns gar nichts anderes übrig, als das zu versprechen.« Da hab ich gesagt: »Das ist eine Katastrophe.« Wir haben die nötigen Steuererhöhungen dann mühsam über den Golfkrieg durchgesetzt, das hat uns viel Drive genommen. Manche haben gesagt, man bräuchte eine Rede wie die von Winston Churchill: »Blut, Schweiß und Tränen.« Blut hat es ja Gott sei Dank nicht gebraucht. Der Bundeskanzler hat aber damals gesagt: »Wir müssen den Leuten doch Mut machen. Wir können denen jetzt doch nicht immer nur sagen, wie schwierig das alles wird …«

Wir haben auch geglaubt, es gehe leichter. Dass es so schwer werden wird, haben wir nicht gedacht. Die totale De-Industrialisierung Ostdeutschlands haben wir in dieser Schärfe nicht gesehen. Es mag sein, dass jemand wie Tyll Necker es in dieser Schärfe gesehen hat. Aber zu sagen, der Umtauschkurs bei der Währungsunion sei die Ursache für diesen Prozess, ist grober Unfug. Das zeigt nur, dass man keine Ahnung hat, denn der Umtauschkurs hat etwas mit der Übernahme der Schulden zu tun, aber rein gar nichts mit den Fließgrößen Löhne, Gehälter und Pensionen.

Oskar Lafontaine hat in seiner Analyse wirtschaftlich die Dinge vielleicht richtiger vorhergesagt als wir. Aber seine Konsequenz wäre gewesen, auf die Wiedervereinigung zu verzichten. Er hat ja auch gesagt, die Mauer müsse in anderer Form erhalten bleiben. Das wäre der Verzicht auf die Wiedervereinigung gewesen. Vielleicht hätten wir mehr Möglichkeiten gehabt, den Prozess der Eigeninitiative und Eigenverantwortung stärker anzuregen. Wir haben aber stattdessen das westdeutsche System auf Ostdeutschland übertragen. Wir hätten auch sagen können: Es wird hart und schwer, ihr könnt ja selber mehr machen.

Heinz Dürr

Heinz Dürr wechselt im Januar 1991 auf Drängen Helmut Kohls vom AEG-Konzern an die Spitze der Deutschen Bundesbahn. Der neue Bahnchef hat die Aufgabe, die ostdeutsche Reichsbahn zu integrieren und den defizitären Staatsbetrieb in ein Wirtschaftsunternehmen zu verwandeln

In dieser unglaublich spannenden Zeit '89 bis '90 haben wir alle an Aufbruch gedacht. Bei AEG habe ich ja gesehen, man kann vieles anders machen. Herr Kohl hat mich am 3. Oktober '90, morgens um drei Uhr, gefragt: »Ich habe noch ein paar offene Themen, die ich zu erledigen habe als Bundeskanzler. Eines ist die Bahn, und ich brauche da einen richtigen Unternehmer. Würden Sie das machen?« Dann habe ich gesagt: »OK, das mache ich!« Das bereue ich nicht. Die Bahn ist ein Unternehmen, da ist alles vorhanden: Technik, Organisation, Politik, meine Vorstellungen eines Unternehmens als gesellschaftliche Veranstaltung, und als Bahnchef habe ich endlich verstanden, wie der Staat funktioniert.

Die meisten Unternehmer können sich nicht vorstellen, wie eine Ministerialbürokratie arbeitet. Der Minister kann ja viel zusagen; wenn die Ministerialen nicht wollen, funktioniert nichts. Ich wollte das umsetzen, was die Regierungskommission Bahn 1989 vorgeschlagen hatte. Ich habe mit rund 500 Leuten persönlich gesprochen, habe ihnen klargemacht, dass die einzige Lösung für die Bahn eine Aktiengesellschaft ist. Da musste das Grundgesetz geändert werden, wir haben eine Zustimmung von 95 Prozent im Bundestag für die Änderung des Grundgesetzes bekommen.

Nach der Einheit kam noch die ostdeutsche Reichsbahn hinzu. Das war für mich als politisch denkender Mensch faszinierend zu sehen, wie so ein Unternehmen im Sozialismus funktioniert hat. Die Mitarbeiter der Reichsbahn waren unglaublich engagiert, aber die hatten keine Mittel mehr. Deren Züge sind am Ende mit einer Durchschnittsgeschwindigkeit von fünfzehn Stundenkilometern gefahren, weil das Material völlig ausgelaugt war. Aber die haben die dreifache Menge an Gütern gefahren wie im Westen. Die haben zum Schluss die Züge kreisen lassen, damit sie ihren Plan einhalten.

Dann haben wir Bundesbahn und Reichsbahn zusammengelegt. Zunächst gab es zwei Vorsitzende. Der bei der Reichsbahn ist plötzlich unter Stasiverdacht gekommen, und der Minister hat gesagt: »Keinen weiteren Vorsitzenden, denn Fusionen scheitern oft an den Vorsitzenden, dann machen Sie doch beides.« Da war ich also Chef von der Bundesbahn und von der Reichsbahn.

Wir waren anfangs fast 500 000 Mitarbeiter. Wir wussten genau, dass wir am Ende nicht mehr brauchen würden als 200 000. Außerdem mussten wir den Mitarbeitern die Bahnreform näher bringen, die Umwandlung in ein kundenorientiertes Unternehmen. Ein Fahrgast war damals ein Beförderungsfall. Ich habe gesagt: »Kunde,« und dann haben wir die Mitarbeiter geschult. Etwa 120 000 Mitarbeiter haben wir in zwei- bis dreiwöchigen Seminaren geschult. Wir hatten im Jahr 1992 23 Milliarden Mark Umsatz und ein Defizit von dreizehn Milliarden Mark – wegen der Reichsbahn. Und in dem Bundesbahngesetz stand drin, dass die Bundesbahn einen Überschuss zu erwirtschaften hat. Das war aber schon Jahrzehnte nicht mehr der Fall.

Wir haben außerdem bei der Bundesbahn vor der Wiedervereinigung 2000 Vorschriften gehabt, bei der Reichsbahn hatten wir 450. Das wird gut, habe ich gedacht. Am Schluss hatten wir dann aber 2600 Vorschriften. Der westdeutsche Perfektionismus in Regulierungsfragen ist voll auf die DDR übertragen worden.

Norbert Walter

Norbert Walter wird 1990 Chefvolkswirt der Deutschen Bank. Er kritisiert die Überregulierung in den neuen Bundesländern

Ich glaube, dass die deutsche Einheit eine wunderbare Zäsur in unserer Geschichte war, die man zu vielen grundsätzlichen und grundlegenden Veränderungen hätte nutzen können. Aber das Land war darauf nicht vorbereitet. Wir stolperten in das Ereignis. Wir haben nicht tief durchgeatmet und zunächst einmal grundsätzlich nachgedacht, sondern wir haben schnell gehandelt. Schließlich war die Mauer offen.

Wir hätten manches vom Kopf auf die Beine stellen können während der deutschen Einigung, zum Beispiel unsere Sozialgesetzgebung. Ich muss gestehen, dass ich im Januar des Jahres 1990 zu einem alten Professor sagte: »Könnte man das mit der deutschen Einigung nicht in Schritten machen?« Daraufhin verpasste mir dieser alte Professor eine saftige verbale Ohrfeige, indem er sagte, dass er mich eigentlich für intelligenter hielt, als dass mir Derartiges über die Lippen kommen könnte. Die Mauer sei offen und nun hätten wir nur die Möglichkeit, ohne Umschweife die deutsche Einheit zu organisieren. Wir könnten uns auch nicht mehr die Frage stellen, ob wir auch langsam zusammenwachsen könnten. Wir waren bereits zusammen und konnten das Zusammensein nur noch gemeinsam gestalten. In dieser Hinsicht war auch Oskar Lafontaine politisch naiv. Die Mauer konnte man nicht seitens des Westens wieder errichten, nachdem die Menschen im Osten sie überwunden hatten.

Bert Rürup

In seiner wissenschaftlichen Arbeit befasst sich Bert Rürup unter anderem mit staatswirtschaftlichen Planungsinstrumenten sowie mit den Konsequenzen der demografischen Entwicklung

Aus Sicht der in der ehemaligen DDR tätigen Unternehmen ist es durch die Einführung der DM zu einer Aufwertung der DDR-Währung um vierhundert Prozent gekommen. Man hätte sich auf dem Reißbrett natürlich sehr viel vorstellen können, wie man die beiden Staaten »richtig« vereinigt, dass die DDR zunächst ein assoziiertes Mitglied der EU mit einer leicht unterbewerteten eigenen Währung wird oder so etwas. Aber realpolitisch ging das nicht, auch weil es keine DDR-Staatsbürgerschaft gab, das heißt weil jeder DDR-Bürger sofort, wenn er in den Westen ging, ein Bürger im Sinne des Grundgesetzes war. Faktisch gab es keine Alternative zu der Wiedervereingiung wie sie stattgefunden hat. Damit wären nicht alle aber eine Reihe der Folgeprobleme unvermeidlich.

Zeitgleich sind noch die Märkte der ehemaligen DDR-Wirtschaft im Ostblock zusammengebrochen. Das wurde dann noch begleitet von einer falschen Lohnpolitik, der schnellen Lohnangleichung, und massiven Kapitalsubventionen, so dass Arbeit dann noch einmal verteuert wurde. Im Nachhinein hätte man einiges anders gemacht, aber ich glaube, in der damaligen Situation gab es nicht so viele Alternativen.

Aus heutiger Sicht würde man wissen, dass man den Produktivitätsstatistiken der DDR nie hätte vertrauen dürfen. Dann hätte man gewusst, wie teuer und langwierig der Einigungsprozess werden würde.

Nicht zuletzt deshalb haben wir eine massive Staatsverschuldung und sehr hohe Sozialabgaben. So zahlen die Mitglieder der gesetzlichen Sozialversicherungen und damit der Faktor Arbeit eine implizite Vereinigungssteuer in der Größenordnung von etwa vier Beitragspunkten oder von dreißig Milliarden Euro pro Jahr.

Die deutsche Steuerquote, die wir heute im Jahre 2005 haben, beträgt etwa 21 Prozent. Das ist die niedrigste Steuerquote in der Geschichte der Bundesrepublik und die zweitniedrigste Steuerquote in Europa. Wir haben gleichzeitig ein Mischungsverhältnis von Steuern zu Sozialabgaben von 55 zu 45, also 55 Steuern und 45 Prozent Sozialabgaben. Vor vierzig Jahren betrug das Verhältnis ungefähr siebzig zu dreißig. Das bedeutet, nicht zuletzt durch die Wiedervereinigung haben wir eine sehr starke Unwucht in die Finanzarchitektur unseres Staates bekommen.

Paul Kirchhof

Paul Kirchhof erlebt die Einheit als Bundesverfassungsrichter. Er gilt als »gestaltungswilliger« Richter, der an Entscheidungen zur Zinsbesteuerung, zum steuerfreien Existenzminimum und zum Kindergeld mitwirkt

Ich bin sicher, dass diese Übertreibung der Normenflut, diese Handhabung der Normen bis in jede Ausnahmeregelung, von denjenigen, die zuvor in einem anderen Rechtssystem gelebt haben, als bedrängend und bedrückend empfunden wurde. Eine bürokratische Umklammerung, die Umarmung des Sozialstaates ist ja nicht nur freundschaftlich, sondern kann auch mal ersticken. Wir hatten damals die Hoffnung, und im Steuerrecht hat das begonnen, dass wir einen Teil der Normen in den neuen Bundesländern zunächst nicht angewandt haben. Wir hatten diese Hoffnung, dass daraus ein Rückkoppelungseffekt entsteht: Man sieht, es geht auch ohne diese Norm, etwa die Gewerbesteuer, in Ostdeutschland viel besser und deswegen machen wir es in Deutschland West ebenso und entschlacken dieses übernormierte System. Diese Hoffnung hat sich bis heute nicht bestätigt.

KAPITEL 10

1990 bis 1998: Verblühende Landschaften

Kein Begriff ist in der Diskussion, die den mühsamen Prozess in den neuen Ländern begleitet, so oft bemüht worden wie der von der Kohlschen Verheißung der blühenden Landschaften. Das Wort ist schön, und es hat den gleichen Webfehler wie so viele der Prognosen und Erwartungen. Es thematisiert einen Traum und ein Ziel, über den Weg dorthin sagt es nichts. Nach der gewonnenen gesamtdeutschen Bundestagswahl verschanzt sich der Polit-Betrieb wieder in Bonn. Der Quälgeist Oskar Lafontaine, der den Blüten-Optimismus nicht teilt, hat ein verheerendes Ergebnis eingefahren. Keine Zeit für hässliche Wahrheiten. Doch bald deutet sich an, dass nach der Sonderkonjunktur, die der östliche Nachholbedarf an Fernsehern, Einbaufenstern und tragbarer Kleidung auslöst, im Osten nicht genug Potenzial übrig ist, um die eigenen Bedürfnisse auch nur annähernd aus eigener Wirtschaftskraft befriedigen zu können. Die marode Infrastruktur wird hergerichtet, allerlei versucht; findige Landesväter träumen von Chipfabriken und Formel-Eins-Circuits – und gehen daran, mit öffentlichen Geldern diese Träume zu realisieren. Doch weniger die verirrten Protzprojekte lähmen die Stimmung – es ist beim Wahlvolk auch das Gefühl, dass die Regierenden ratlos sind. Der Kanzler wird zum Weltpolitiker, der sich seine Erfolge auf dem Terrain der europäischen Einigung abholt oder mit Clinton Nudeln futtert. Die Realität in Demmin ist da weit weg; und diejenigen, die klagen, werden mit Transferleistungen sediert, bis die Neigung zur Eigeninitiative endgültig verschüttet ist. Es hätte einen Moment gegeben, vermuten heute viele, da hätte man den Bürgern der ganzen Bundesrepublik die Wahrheit über die ungefähre Dimension der kommenden Belastungen zumuten können und auch das Bekenntnis, dass man selbst oben im Cockpit den Überblick verloren hat, sich aber bemüht, einen gangbaren Kurs zu bestimmen. Die Furcht des großen Politikers Kohl vor dieser Herausforderung ist neben dem Überdruss am ewig gleichen Personal die Ursache für seine Abwahl. Das Berliner Amt für den Kanzler, von Kohl nicht gerade bescheiden geplant, wird erst von seinem Nachfolger bezogen.

Klaus von Dohnanyi

Klaus von Dohnanyi räumt Fehler beim Einigungsprozess ein – man hat die Aufgabe unterschätzt und die neuen Länder durch Regelungswut und Bürokratie gebremst

Im Grunde gab es keine Alternative zu dem Vorgang einer schnellen Wiedervereinigung samt Währungsunion. Wir hätten es nur anders machen können, wenn wir bereit gewesen wären, wieder eine Zollmauer mitten in Deutschland zu haben.

Es gab aber Alternativen zu der Art, wie man den Vorgang dann durchführte. Ich habe gegenüber der Treuhand und auch gegenüber der Bundesregierung und Kanzler Helmut Kohl immer gesagt: »Wenn ihr wollt, dass es in Ostdeutschland Industrie gibt, müsst ihr dafür sorgen, dass man mit Industrie in Ostdeutschland reich werden kann. Das sage ich euch als Sozialdemokrat.« Man musste reich werden können mit Industrie! Und das konnte man nicht.

Man hat viele Auflagen gegeben, man hat keine Steuervorteile zugelassen. Die Leute mussten unterschreiben, wie viele Menschen sie beschäftigen und so weiter. So war es nicht gerade verlockend für die Unternehmen in der Welt, sich in Ostdeutschland niederzulassen. Die haben sich lieber in Irland niedergelassen, weil sie dort niedrigere Steuersätze und weniger Regeln hatten. Die schnelle Rechtseinheit in Deutschland hatte Vorteile, weil keine Zeit verschwendet wurde. Aber richtig ist auch, dass man sehr viel bürokratische Last auf Ostdeutschland übertragen hat.

Man hat nicht gesehen, wie groß die Probleme in der

ehemaligen DDR sind. Aber man konnte es sehen: Mein Buch »Das deutsche Wagnis« [1990] zeigt es! Da haben westdeutsche Politiker gemeint: »In fünf Jahren sieht es in Sachsen so aus wie in Rheinland-Pfalz.« Das Problem bestand aber doch darin, dass es in Ostdeutschland weder Unternehmer noch Eigentümer noch an Marken gebundene Kunden für die Produkte gab. Man hat nicht gesehen, dass das alles erst geschaffen werden musste. Da lag der große Fehler. Man hat die Aufgabe schlicht unterschätzt.

Man muss sich die Lage in Ostdeutschland vor Augen führen. Für uns konnte es damals in der Nachkriegszeit nur besser werden. Für viele in der ehemaligen DDR ist es schwieriger geworden. Nicht schlechter, denn die Freiheit ist gewonnen, und auch der Lebensstandard ist eigentlich besser. Aber das Gefühl, gebraucht zu werden und ein Teil des Ganzen zu sein, haben wir den Menschen in Ostdeutschland bislang nicht geben können. Natürlich konnten wir nicht alle Arbeitsplätze bewahren, weil diese eben nicht vom Markt gesichert waren. Aber jemand, der jetzt mit 55 Jahren da sitzt und von Hartz IV bedient wird, sagt sich natürlich: »Damals hatten wir wenigstens unseren Betrieb und Arbeitsplatz.«

Wir können auch jetzt nicht allen Leuten Arbeitsplätze über Nacht beschaffen. Aber man muss den Menschen das Gefühl geben, dass es eine Perspektive gibt und dass wir wissen, was man tun muss. Es wird länger dauern, als man gesagt hat, aber wir können es zusammen machen. Das ist eigentlich der einzige Weg, um Vertrauen zu schaffen.

Otto Graf Lambsdorff

Otto Graf Lambsdorff kann sich mit seiner Forderung, in der ehemaligen DDR ein Niedrigsteuergebiet zu errichten, nicht durchsetzen. Seine Annahme, den Aufbau Ost ohne Steuererhöhungen finanzieren zu können, erweist sich als Irrtum

Wir haben die wirtschaftliche Leistungsfähigkeit der DDR zu hoch eingeschätzt. Die DDR war in der Lage, technische Spitzenleistungen auch zu wettbewerbsfähigen Preisen auf den Markt zu bringen. Wettbewerbsfähig, weil die DDR unbedingt harte Währung einkassieren wollte. Dass das unterm Strich bei denen zu Hause mit Riesenverlusten einherging, das haben wir dann erst 1990 gesehen, als sie sich plötzlich dem internationalen Wettbewerb stellen mussten. Dass es zwar technisch hochstehend war, in manchen Bereichen durchaus, aber wirtschaftlich und ökonomisch unsinnig, das wussten wir damals nicht.

Ich erinnere mich noch genau, wie Theo Waigel sagte: »Das machen wir aus der Portokasse.« Und ich erinnere mich genau, dass ich gesagt habe: »Wir brauchen keine Steuererhöhung, wir schaffen das ohne Steuererhöhung«. Beides war falsch, wie wir gesehen haben. Aus der Auflösung der Wirtschaft der früheren DDR ist nichts übriggeblieben. Und es ist klar geworden, dass wir sehr viel mehr Geld gebraucht haben, um die Wiedervereinigung und ihre Folgen zu finanzieren und das ist ja auch heute noch der Fall.

Die Frage ist, ob wir es richtig gemacht haben. Ob das, was wir tun, notwendig und zielführend ist. Sind die Subventionen aus dem Solidarpakt II dafür da, die Haushaltsdefizite einiger der neuen Bundesländer zu finanzieren? Die Ministerpräsidenten dieser Länder verteidigen diese Möglichkeit. Gedacht war aber daran, eine innovative, wachstumsfreudige Wirtschaftslandschaft aufzubauen.

Kurt Biedenkopf

Mit dem als »König von Sachsen« gefeierten Ministerpräsidenten Kurt Biedenkopf erringt die CDU bei den Landtagswahlen 1994 und 1999 die absolute Mehrheit

Wir mussten Aufgaben lösen, die noch nie jemand gelöst hatte: eine sozialistische Zentralplanwirtschaft in eine Marktwirtschaft überführen. Nehmen Sie an, Sie würden in ein unbekanntes Gebiet geschickt ohne Orientierung und ohne Landkarte. Sie sollen sich allein aufgrund der Erfahrungen orientieren, die Sie in einem wohl geordneten Gebiet mit Hilfe von Landkarten gemacht haben. Einen solchen Weg kann man nicht ohne Fehler zurücklegen. Möglicherweise sind lange Umwege notwendig, um zu lernen, wie man die neue Aufgabe bewältigt.

Dass die Westdeutschen dazu einen Solidarbeitrag leisten müssten, wurde nie bestritten. Man hätte diesen Beitrag jedoch in sehr viel größerem Umfang aus dem erwirtschafteten Bruttoinlandsprodukt leisten können. Wir haben uns in Deutschland dazu entschieden, den wesentlichen Teil der Transferleistungen durch Schulden zu finanzieren. Das war ein Fehler. Aber es war politisch sehr schwierig, die Bevölkerung für einen anderen Weg zu gewinnen. Zudem war die Bevölkerung gewohnt, dass man Schulden machen darf, wenn Probleme auftreten, die zusätzliche finanzielle Anstrengungen erfordern.

Die Menschen im Osten hatten sich Jahrzehnte lang gewünscht, am Wohlstand im Westen teilhaben zu können. Man konnte ihnen nicht sagen, sie müssten mit den 35 Prozent Westeinkommen, das sie am Anfang hatten – und das ich im Übrigen als Ministerpräsident auch hatte – zufrieden sein. Ich habe, wie die Menschen in Ostdeutschland, mit 35 Prozent eines Ministerpräsidentengehalts angefangen. Ich wollte keine Sonderstellung haben. Dies schien mir eine Voraussetzung dafür zu sein, Vertrauen zu bilden. Aber dann kam die Forderung, die die Gewerkschaften nachhaltig unterstützten, nach Angleichung der Löhne an die Löhne in Westdeutschland. Es war schwierig, sich der Verwirklichung dieser Forderung entgegen zu stellen. Höhere Einkommen waren auch notwendig, um zu verhindern, dass qualifizierte Facharbeiter und Leistungsträger nach Westen zogen, um in den Genuss höherer Einkommen zu gelangen. So hat sich eine Situation entwickelt, in der die Einkommen in Ostdeutschland schneller wuchsen als die Produktivität.

Wenn wir einen Fehler gemacht haben, dann den, die außerordentlich komplizierten und auch im Westen als Last empfundenen Reglementierungen des wirtschaftlichen Lebens auf den Osten zu übertragen und dies auch auf Unternehmen, die nicht die Kraft hatten, die Regulierungslast zu tragen. Man hat den Menschen in Ostdeutschland nicht die Chance gegeben, ihren Teil Deutschlands zunächst stärker selbst zu gestalten. Hätten wir im Jahre 1950 in Westdeutschland die gleichen wirtschafts-, gesellschafts- und sozialpolitischen Reglementierungen befolgen müssen, die 1990 im Westen galten, wäre es nie zum Wirtschaftswunder gekommen. Anfangs haben die Ostdeutschen sich damit geholfen zu improvisieren, weil sie die westdeutschen Gesetze noch nicht ausreichend kannten. Das war in vieler Hinsicht die beste Zeit nach der Wende. In ihr hat sich enorm viel entwickelt. Aber diese Entwicklung ist schnell durch die Übertragung umfassender Regulierungsbestände von West nach Ost erstickt worden.

Ein klassisches Beispiel war die Weigerung der westdeutschen Länder und des Bundes, die ostdeutschen Universitäten von der Anwendung des Hochschulrahmengesetzes freizustellen. Im Westen war man schon vor der Wende der Meinung, das Hochschulrahmengesetz sei schlecht und müsse reformiert werden. Als wir dann im Osten vorschlugen, die Wiedervereinigung als Chance zur Entwicklung alternativer Hochschulverfassungen und Hochschulstrukturen zu nutzen, das heißt, uns hier experimentieren zu lassen, war man im Westen einhellig der Meinung, das sei wohl noch schlimmer. Man wollte keinen Wettbewerb.

Hilmar Kopper

Hilmar Kopper treibt den Umbau der Deutschen Bank zum Global Player voran. Im Zusammenhang mit der Pleite des auch in Ostdeutschland tätigen Baulöwen Jürgen Schneider äußert Kopper die Meinung, fünfzig Millionen DM für unbezahlte Handwerkerrechnungen seien »Peanuts«

Es wurde gesagt: »Das Geld muss zu den Menschen gehen, sonst kommen die Menschen zum Geld, und das Land entvölkert sich, und das muss man vermeiden«. Wir haben das aber eben nicht geschafft. Wenn das Geld zu den Menschen geht und damit sollen neue

Kapazitäten aufgebaut werden, dann sind das Fabriken, für die kein Weltbedarf da ist. Wir haben genug Kapazitäten. Und es nützt überhaupt nichts, eine Fabrik auf der grünen Wiese irgendwo in einem östlichen Bundesland aufzubauen, wenn keine Nachfrage für ihre Produkte da ist. Und dies war das Problem, an dem man immer geflissentlich vorbeigeguckt hat. Und so ist natürlich auch im ersten Rausch viel zu viel auf sauren Wiesen vor den Städten entstanden, die Innenstädte sind verödet, weil man draußen die riesigen Supermärkte und was weiß ich alles hat. Wir haben viele Fehler in Ostdeutschland wiederholt, die wir bei uns schon gemacht hatten, und die wir besser hätten vermeiden sollen. Ein bisschen Ruhe und Durchatmen und ein neuer Ansatz in manchen Dingen hätte einige Fehler im Osten vermeiden geholfen.

Da war der Druck der Bevölkerung, eine Angleichung der Lebensverhältnisse sofort zu erhalten. Die wollten ja nicht nur die DM, sie wollten ja auch alles das, was sie damals verbanden in ihren Köpfen mit den wunderbaren Sozialleistungen des Westens. Das haben wir ihnen auch relativ schnell gegeben und dabei natürlich außer Acht gelassen, dass dies zu einer Verteuerung des Systems führt, und dass man mit den teuren Produktionsvorgaben, die damit entstehen, sich keine neue Nische im Weltmarkt wird erarbeiten können.

Wir haben es versäumt, so etwas wie eine Sonderwirtschaftszone zu gestalten. Natürlich auch mit DM und mit allerhand sozialem Komfort aber mit vereinfachter Gesetzgebung, mit vereinfachten Auflagen. Es galt den Osten erst langsam heranzuführen an die neue Welt, damit er Fuß fassen kann. Leider haben wir ihnen alles übergestülpt und sie damit wahrscheinlich auch gelähmt.

Wie viel besser es sonst geworden wäre weiß ich nicht, aber sicherlich um einiges besser.

Die 90er Jahre waren die entscheidenden für die Deutsche Bank so wie sie heute dasteht. Sie hat damit viel von dem vermieden, womit so viele Banken in Deutschland heute zu kämpfen haben. Wir haben früh erkannt, dass wir etwas ändern müssen, dass wir uns entwickeln müssen zu einer moderneren Universalbank. Der Typus Universalbank war damals umstritten, heute bestreitet das niemand mehr, weil sogar die Amerikaner Universalbanken geworden sind. Sie haben sich unserem Modell angepasst. Den Beschluss haben wir im Vorstand 1993 gefasst und uns mit aller Energie auf diesen Weg begeben. Wir wussten, diesen Weg können wir wegen der Rahmenbedingungen nur in London und USA beschreiten, dort müssen wir uns nachhaltig etablieren.

Wenn wir das nicht schaffen, werden wir es niemals zu einer globalen Universalbank und Investmentbank schaffen. Investmentbank bedeutet immer auch, dass man nicht mehr national sein kann, sonst ist man keine. Man kann ja kaum noch regional sein. Regionale, europäische Investmentbanken, da gibt es ein paar, aber sie sind dezidiert zweite bis dritte Kategorie gegenüber den sechs oder sieben globalen, die es gibt und zu denen die Deutsche Bank heute gehört. Ich muss sagen, es ist für mich ein stolzes Gefühl, dafür noch eine Basis geschaffen zu haben, auch noch den geistigen Input geleistet zu haben, dass die Deutsche Bank das würde, was sie heute ist.

Theo Waigel

Theo Waigels Wahlversprechen, die Einheit ohne Steuererhöhungen zu finanzieren, erweist sich als unhaltbar. 1991 werden die ersten Steuererhöhungen beschlossen. Die Staatsverschuldung klettert bis 1994 auf über 712 Milliarden DM

Nach welchen Berechnungen man das auch immer macht, es waren zwischen 4 bis 5,5 Prozent des BIP von 1990 bis ’98, und danach ist es nicht viel weniger geworden. Das ist eine gewaltige Summe. Das waren allein zwischen ’90 und ’98 etwa 1 500 Milliarden DM, und allein im Bundeshaushalt waren es etwa hundertfünfzig Milliarden. Und wenn etwa fünfzig Milliarden durch Nettokreditaufnahme gedeckt wurden, dann waren es immer noch etwa hundert Milliarden DM, die entweder durch Einsparungen, Steuererhöhungen oder Abgabenerhöhungen gedeckt werden mussten.

Das bedeutete einen gewaltigen finanziellen Kraftakt, der je zu einem Drittel durch Einsparungen, durch Steuer- und Abgabenerhöhungen und durch eine Erhöhung der Nettokreditaufnahme finanziert wurde. Das ist nicht in jedem Jahr optimal gelungen, aber ungefähr war es ein Politik-Mix, der durchsetzbar war. Alles andere wäre nicht durchsetzbar gewesen.

Außerdem hätten wir die Tarifhoheit in Ostdeutschland nicht einführen dürfen. Das zu verhindern, wäre aber sehr schwer gewesen. Ich glaube, die SPD hätte einer Sozialunion, es war ja eine Wirtschafts-, Währungs-, und Sozialunion, nicht zugestimmt, wenn es die Tarifhoheit und die Tariffreiheit der Gewerkschaften nicht gegeben hätte. Wir haben ja schon überlegt, welcher Finanzbedarf notwendig ist. So kam der erste Solidarpakt zu Stande.

Und so kam dann auch später der zweite Solidarpakt zu Stande, mit der Infrastruktur, mit der Ausstattung der Kommunen und der Länder. Was mir damals gefehlt hat, das war die Bereitschaft der westdeutschen Länder, sich an den Kosten der Wiedervereinigung angemessen zu beteiligen. Das haben sie nicht getan. Die Kosten sind zu fast achtzig Prozent beim Bund hängen geblieben.

Wir hätten vielleicht nicht das ganze deutsche Rechtssystem dem Osten überstülpen sollen. Auf der anderen Seite hieß es dann für die Investoren: Wir brauchen verlässliche Bedingungen. Aber mit Sicherheit waren die Menschen im Osten überfordert, auf einen Schlag das alles zu akzeptieren und zu vollziehen, was vom Westen rüberkam. Da waren wir sicher zu perfektionistisch, typisch deutsch.

Karl Otto Pöhl

Karl Otto Pöhl stößt mit seiner Kritik an der Währungsunion Kanzler Kohl vor den Kopf. 1991 tritt Pöhl als Bundesbankpräsident vorzeitig zurück und wird 1992 persönlich haftender Gesellschafter des Privatbankhauses Sal. Oppenheim

Aber die Wiedervereinigung, das war alles ein Selbstläufer und das schien ja auch alles wunderbar zu gehen, zunächst. Bis sich dann eben die finanziellen Folgen immer deutlicher abzeichneten. In der Atmosphäre damals hat man die Folgen vielleicht auch unterschätzt. Man hat gedacht, na ja, das ist ein Land so groß wie Nordrhein-Westfalen, das werden wir schon schaffen. Aber die Folgen sind natürlich verheerend gewesen.

Dann habe ich damals – das war mit ein Grund nachher für meinen Rücktritt – in Brüssel im Europaparlament, ich war gleichzeitig Vorsitzender des Ausschusses der Europäischen Notenbankgouverneure, über die Europäische Währungsunion gesprochen. Ich habe die Notwendigkeit der Konvergenz betont und habe dann gesagt: »Wenn man ohne Konvergenz so eine Währungsunion macht, dann sieht man ja, wohin das führt in Ostdeutschland.« Ich sagte: »The result is a disaster.« Und das lief dann um die ganze Welt. Das lautete in den Zeitungen dann so: »Pöhl calls monetary union a disaster.«

Helmut Kohl hatte am nächsten Tag Unternehmer eingeladen und wollte gerade feiern, wie groß, toll das alles war und das kam ihm nun genau in die Quere. Ich habe ihm dann einen langen Brief geschrieben, habe ihm das erklärt, wie das alles zu Stande gekommen war. Ich habe nie eine Antwort drauf bekommen und das war der Strohhalm, der das Rückgrat des Kamels gebrochen und zu meinem Rücktritt geführt hat. Das ist ja ein Prozess, das passiert nicht an einem Tag, sondern das zieht sich dann hin und endet in Frustration: Heute bin ich auch froh, dass ich das damals gemacht habe, muss ich sagen, auch wegen der Europäischen Währungsunion, wo auch vieles schief gelaufen ist, wo man auch großzügig Konzessionen gemacht hat, die nicht unbedingt nötig gewesen wären und die uns heute auch noch belasten.

Die Vorstellung, dass gleiche Lebensverhältnisse in Ost und in West herrschen müssten, ist ja nur noch eine Illusion. Wir sehen, dass de facto die Löhne in Ostdeutschland eben erheblich unter denen in Westdeutschland liegen. Das ist nur ein Beispiel. Aber das ist etwas,

was man am Anfang der Wiedervereinigung eben falsch gemacht hat, dass man das westdeutsche Lohnniveau als Maßstab genommen hat und das ostdeutsche Lebensniveau anpassen wollte an die Verhältnisse in Westdeutschland. Dass das so nicht ging, war manchen schon etwas früher klar, anderen ist es inzwischen klar geworden.

Norbert Blüm

Norbert Blüms Arbeitsministerium gibt 1992 knapp vierzig Milliarden Mark für Arbeitsbeschaffungsmaßnahmen in Ostdeutschland aus. 1996 räumt Blüm ein Defizit von fast zehn Milliarden Mark in der Rentenkasse ein. Die Rentenbeiträge steigen im Folgejahr auf 20,3 Prozent

Wenn ich mich an die Städte erinnere vor 1990, die ich in der damaligen DDR besucht habe, dann hat sich die Welt wirklich verändert. Da haben sich Landschaften verändert, ich meine nicht nur die Autobahnen, sondern auch die Städte. Das große Thema bleibt natürlich die Arbeitslosigkeit, und wir haben sicherlich die Schwierigkeiten unterschätzt. Ich glaube auch, dass wir Fehler gemacht haben, aber das macht die Leistung von Ost und West, auch der Bevölkerung, nicht kleiner. Man hätte damals wahrscheinlich eine Steuererhöhung gebraucht, die Menschen wären dazu wohl bereit gewesen. Da sind wir zurückgewichen, denn wir hatten Sorge, es würde einen Aufstand der Wähler geben.

In meinem Bereich, der Sozialpolitik, sind wir keineswegs tatenlos gewesen. Trotz der Kritik an den gigantischen Arbeitsbeschaffungsmaßnahmen halte ich diese trotzdem für richtig. Wir haben doch das Schlimmste verhütet, denn ohne diese Arbeitsbeschaffungsmaßnahmen wären die jungen Leute wegmarschiert. Das gehört zu den Ruhmesblättern in der Geschichte des Sozialstaats, was damals geleistet wurde: Wir haben innerhalb von vierzehn Tagen vier Millionen Renten umgestellt und ausgezahlt. Wir hatten innerhalb von vier Wochen eine Arbeitsverwaltung mit 12 000 Mitarbeitern zur Verfügung, von denen 9 000 das Arbeitsförderungsgesetz noch nie gelesen haben. Wir haben innerhalb eines halben Jahres aus einem staatlichen Gesundheitssystem ein System mit freier Arztwahl und mit Krankenkassen gemacht. Das war nur möglich, weil aus dem Westen richtige Sozialstaatsarbeiter dort hingegangen sind und in Ostdeutschland ihre Solidaritätspflicht erfüllt haben. Im Osten gab es eine Veränderungsbereitschaft, die bewundernswert war: Die Umstellung erfolgte über Nacht, und viele halfen mit, obwohl sie keine Erfahrung hatten. Wenn die öffentliche Finanzverwaltung oder die Grundbuchämter mit dem gleichen Elan gewirkt hätten, wäre vieles besser gelaufen. Wir haben entschlossen gehandelt, sonst wäre das Sozialsystem nicht zu Stande gekommen.

Wolfgang Schäuble

Wolfgang Schäuble rückt 1991 an die Spitze der CDU/CSU-Bundestagsfraktion. Sein Reformkonzept »Weniger Steuern, mehr Arbeitsplätze« wird von der Opposition blockiert

So richtig klar war mir 1994, dass wir grundlegende Reformen machen müssen. Ich füge gern hinzu, dass wir in den 80er Jahren eine Menge zu Stande gebracht haben, was leicht unterschätzt wird. Wir haben die Staatsquote von über 51 Prozent auf unter 46 Prozent heruntergebracht, wir haben einen Anstieg der Beschäftigung gehabt. Was wir jetzt in den langfristigen Analysen deutlicher sehen, hab ich in den 80ern nicht in der Schärfe wahrgenommen. Wir hatten in den 80er Jahren doch eine deutliche Korrektur nach oben, nachdem es in den 70er Jahren, bis zum Regierungswechsel, abwärts gelaufen war. Und dann kam die Wiedervereinigung, und mit dem Ende der ersten Legislaturperiode nach der deutschen Einheit, also im Jahr 1994, war mir klar, dass wir mehr machen müssen.

Es gab zunächst viele Auseinandersetzungen, auch in den eigenen Reihen. Wir haben vielleicht ein Jahr verloren darüber, aber 1996 haben wir dann wirklich eine Menge mehr zu Stande gebracht, als die meisten uns zugetraut haben. In den zustimmungspflichtigen Teilen waren wir im Bundesrat teilweise gescheitert, das lag an der Strategie von Lafontaine, der inzwischen Scharping verdrängt hatte. Aber wir haben immerhin den demografischen Faktor in der Rente eingeführt. Wir haben außerdem bei der Lohnfortzahlung im Krankheitsfall eine gewisse Eigenbeteiligung eingeführt, da war der Widerstand der Arbeitgeber mindestens so groß wie der Widerstand der Gewerkschaften.

Die SPD hat unsere Reformen anschließend unterlaufen, und Schröder hat sie dann zurückgenommen. Richtig sind sie dennoch gewesen. Denn wenn Sie die Menschen fragen, ob es sozial zumutbar ist, dass während der Dauer der Krankheitszeit kein Urlaubsanspruch entsteht, das war ja der materielle Gehalt der Regel, dann sagen die Leute: »Wenn ihr sonst keine Probleme habt, geht es uns ja gut, nicht?« Aber stattdessen blockiert das Kartell der Funktionäre. Wir haben bei der gesetzlichen Krankenkasse mit einer Eigenbeteiligung der Patienten etwas bewegt. Dann kam der Regierungswechsel, da haben manche gesagt: Die Reformen seien der Grund dafür gewesen, dass wir die Wahlen verloren haben. Das glaube ich bis heute nicht. Im Übrigen ist das eine gefährliche Interpretation, weil dadurch diejenigen, die in der Regierungsverantwortung sind, nicht unbedingt ermutigt werden, Reformen zu machen.

Heinz Dürr

1992 leiten Heinz Dürr und die Bundesregierung die Bahnreform ein. 1994 wird die Deutsche Bundesbahn zur Deutschen Bahn AG

Herr Kohl ist ein relativ konsequenter und bodenständiger Mensch. Der hat seine Ideen und die setzt er durch, er ändert sich ja nicht. Als er den Mantel der Geschichte ergriffen hat und sein zehn-Punkte-Programm gemacht hat, da sagen heute alle, dass das eine wirklich historische Tat war. Aber es wird nicht damit getan sein, den Menschen in Ostdeutschland die Milliarden rüberzuschieben. Es geht um etwas anderes: Die hatten dort nach vierzig Jahren Sozialismus keine Unternehmer. Die müssen herangezogen werden, damit die Wirtschaft in Ostdeutschland selber in Bewegung kommt.

Die Politik in Westdeutschland hat ja auch nicht gewusst, in welchem Zustand die ostdeutsche Wirtschaft war. Wir bei Dürr haben 1987 drüben eine Anlage gebaut für den Trabant. Meine Monteure haben mir bei der Weihnachtsfeier '87 gesagt: »Die machen es nicht mehr lange. Die haben nichts mehr: kein Geld, keine Ersatzteile, es funktioniert nichts mehr. Die kommen rüber, Herr Dürr.« Wenn der Westen etwas in die DDR geliefert hat, hat er ja die besten Preise erzielt. Ich werde nie vergessen: Als damals die Mauer gefallen war, war ich noch bei der AEG, da hatte das Kombinat für Elektronik in der DDR eine Anlage gekauft im Westen, die gleiche Anlage hatten wir bei der AEG gerade auch gekauft. Die haben aber den doppelten Preis bezahlt verglichen mit uns im Westen, weil das Geld ja eh aus dem Westen kam. Milliarden einfach rüberzuschieben war mit Sicherheit das Falsche.

Die Unternehmen wussten: Wenn die Wiedervereinigung kommt, dann lastet das die Fabriken im Westen besser aus. Wir hätten alle Konsumbedürfnisse in Ostdeutschland mit der Produktionskapazität des Westens erledigen können. Da gab es dann nur so ein paar Beispiele wie von Carl Hahn bei VW, der gesagt hat: »Jetzt bauen wir dort eine Fabrik!« Und heute ist Mosel, VW Mosel, eine wunderbare Automobilfabrik. Das sind aber nur ein paar Leuchttürme, das sind zu wenige.

KAPITEL 11

1998 bis heute: Virtuelle Politik

Es gibt ein fröhliches Foto aus der Zeit, als alle dachten, das Rot-grüne Projekt stünde für einen Gegenentwurf zu dem, was gerade in die hochdotierte Rente geschickt worden war. Da stehen ein lachender Schröder, ein schmaler Fischer und ein feixender Lafontaine mit Champagner-Schalen bewaffnet und genießen den Moment. Im Wahlkampf haben sie verkündet, was sie alles besser, anders, neuer, eleganter machen wollen. Sie müssen auf den Marktplätzen, in Gaststätten und Stadthallen gewusst haben, dass sie auch den Wetterbericht hätten vorlesen können: den alten Kohl wollte keiner mehr, der war wie ein altes Auto, das noch nicht den Charme eines Oldtimers erworben hat. Schnell wird klar, dass die gute Laune der einzige gemeinsame Nenner des Alpha-Männchen-Terzetts ist. Schröder widmet sich in den ersten Monaten seiner Herrschaft all den neuen Spielzeugen, Lafontaine erfindet Keynes neu, Fischer lernt Diplomaten-Englisch und dass man bei Dreiteilern den unteren Knopf der Weste nicht schließt. Das Erbe von Helmut Kohl würde jede Privatperson bei Verstand ausschlagen. Der Haushalt ist hoffnungslos in Unordnung, Milliarden-Schulden sind in Sondertöpfen geparkt, das Wachstum im Osten bleibt längst wieder hinter West-Werten zurück, bei Steuern, Renten und Gesundheitssystem muss gehandelt werden. Das tun die Schröder-Boys. Sie kappen den demografischen Faktor aus der Rentenformel und kassieren so eine der letzten vernünftigen Entscheidungen der Vorgänger. Ein Wahlversprechen – unlogisch, teuer, aber man will die Klientel ja nicht verprellen. Da trifft es sich gut für die heitere Gemütslage des Kanzlers, dass nach der Flucht des Konkurrenten Lafontaine so viele Dinge passieren, die eine Beschäftigung mit den anstehenden Aufgaben verhindern. Der Umzug nach Berlin bedingt eine ausführliche Erkundung der Gastro-Szene in der neuen Mitte. Der neue Reichtum der Börsengewinner sorgt für einen glitzernden Schleier, der die trüben Zahlen aus Nürnberg überdeckt. Und schließlich zieht man aufrecht in den Kosovo, um die Menschenrechte zu verteidigen. Es gibt einen neuen Star in der Tafelrunde. Aus dem biederen Ministerpräsidenten a. D. Eichel wird mit neuer Brille und behutsam modernisierter Krawatten-Auswahl der »Spar-Hans«, der eisern seine Schreibtisch-Schweinchen mit gesparten Groschen füttert. Der Image-Gewinn des Hessen steht bald für ein Politik-Modell, das nicht mehr Ziele mit Symbolen kombiniert, um die Mehrheit zu gewinnen, sondern nur noch Symbole inszeniert. Das klappt eine Zeit – doch dann wirkt es hohl. Nach dem 11. September 2001 rauscht die Volkswirtschaft abwärts, New Economy wird zum Schimpfwort. Auf die Bosse kann sich der Genosse Gerd nicht verlassen. Die haben andere Prioritäten, steuern ihre durch Super-Merger vergrößerten Tanker auf Rationalisierungs- und

Globalisierungskurs. Und lassen die Leute, die sie dabei nicht mehr benötigen, mit den Bezugsrechten für Transferleistungen zurück. Hartz soll helfen, dann ein (Symbol!) Superminister für Arbeit und Wirtschaft, ein chronisch erfolgloser Ostherrscher die neuen Länder und den Verkehr auf Vordermann bringen – nichts hilft. Der Kassensturz, nach Brüssel gemeldet, endet jedes Jahr mit der Androhung von blauen Briefen. So handelt der Kanzler, als er nichts mehr zu verlieren hat. Die Agenda 2010 zählt vieles auf, das reparaturbedürftig ist und sie hätte überwältigende Unterstützung verdient. Doch ausgerechnet an dem Tag, als der Kanzler sein Volk mitnehmen sollte auf einen langen Weg der Umbauten, der neuen Ideen, da versagt sein bislang sicherstes Talent: der Auftritt vor dem Parlament bleibt auf Zweitliga-Niveau stecken. Vielleicht miese Tagesform, vielleicht aber auch ein Indiz, dass Gerhard Schröder an seine Politik nicht wirklich glaubt.

Helmut Schmidt

Helmut Schmidt tritt für eine europäische Währungsunion ein, liefert sich aber heftige Kontroversen mit Finanzminister Theo Waigel

Heute ist Deutschland bezüglich des Wirtschaftswachstums das Schlusslicht in Westeuropa geworden. Der einzig zu Buche schlagende Grund: Die ostzonale Wirtschaft ist nicht nachgekommen. Das ist seit Mitte der 90er Jahre erkennbar. Man hat dann während der letzten vier Jahre unter Helmut Kohl und der ersten fünf Jahre unter Gerhard Schröder versucht, das schwache Wachstum im Osten durch eine Finanzierung von Löhnen, vor allen Dingen aber durch eine Finanzierung der Renten aus staatlichen Steuer- und Beitragstöpfen zu überdecken. Heutzutage werden jedes Jahr innerhalb der Sozialversicherungen und zwischen Bund und Ländern insgesamt öffentliche Finanzmittel im Umfang von etwa 85 Milliarden Euro von West nach Ost transferiert. Das sind vier Prozent des deutschen Bruttosozialproduktes, die vom Westen an den Osten abgeführt werden. Eine unglaubliche Summe, die zum größten Teil in den ostdeutschen Konsum fließt.

Der heutige Schuldenstand und die Neuverschuldung des Staates sind weniger bedenklich, sie sind in Deutschland geringer als in Amerika oder in Japan. Die Arbeitslosigkeit dagegen ist ein bedrückendes Problem; sie hängt in Deutschland, Frankreich und Italien überall an der Überregulierung. Es gibt dabei jedoch ein großes Feld, auf dem Deutschland viel schlechter dran ist: Der Umstand, dass wir es nicht fertig gebracht haben, die ökonomische Lage in Ostdeutschland deutlich zu verbessern. Der Aufholprozess im Osten ist seit zehn Jahren zu Ende. Diese Tatsache und dazu die enormen finanziellen Transfers, die weit überwiegend in den Verbrauch fließen, sind der Hauptgrund dafür, dass das Wachstum der deutschen Wirtschaft hinter dem Wachstum der Franzosen und der anderen Nachbarn zurückbleibt.

Heutzutage ist von den größeren Staaten der Welt Deutschland am stärksten abhängig von der Entwicklung der Weltwirtschaft, zum Beispiel auch vom Ölpreis. Wir haben kein eigenes Öl und kein eigenes Erdgas, wir müssen alles in harter Währung bezahlen. Wir sind viermal so abhängig von der Entwicklung der Weltwirtschaft wie die USA, doppelt so abhängig wie Japan. Das haben die Deutschen noch nicht begriffen. Unsere politische Klasse hat insgesamt nicht genug ökonomisches Gespür: Sie sehen, dass wir Exportweltmeister sind und meinen, das sei eine großartige Leistung und deswegen könnte man sich diese Lohnerhöhung und jene Sozialleistung aus dem Staatshaushalt erlauben. Darüber kommt aber die Modernisierung unserer Strukturen und Institutionen zu kurz.

Richard von Weizsäcker

1994 wird Roman Herzog neuer Bundespräsident. Richard von Weizsäcker mahnt nach dem Regierungswechsel 1998 grundlegende Reformen an.

Helmut Schmidt und seine Kollegin in der Herausgeberschaft der »Zeit«, Marion Gräfin Dönhoff, sprachen von der Notwendigkeit, den Kapitalismus zu zivilisieren. Darüber hat sie ein Buch geschrieben, das zu ihren erfolgreichsten Publikationen gehört, und das finde ich richtig. Man muss immer daran denken, dass der Kapitalismus ein Ausdruck einer Marktwirtschaft ist, die wir eingeführt haben gemäß dem Vorbild von Adam Smith aus dem Ende des achtzehnten Jahrhunderts. Diese Form der Marktwirtschaft ist besser als jedes andere Wirtschaftssystem in der Lage, die Menschen mit Gütern zu versorgen. Sie geht von der Voraussetzung aus, dass diejenigen Betätigungen, die der Mensch in seiner Gesellschaft zum Zusammenleben braucht, die aber keine Gewinne abwerfen, vom Staat verantwortlich hergestellt und bearbeitet werden: zum Beispiel die Infrastruktur oder die Sicherheit oder die Bildung. Aber schon Adam Smith, und zweifellos Ludwig Erhard, sind sich der sozialen Verantwortung der Marktteilnehmer immer bewusst gewesen.

Es hat freilich immer Auswüchse gegeben, bei denen nur noch Kapitalismus pur übrig bleibt, ohne Rücksicht auf die Folgen. Es gibt zum Beispiel Zeitungsverlage, die mit bestimmten, dem Boulevard zuneigenden Erzeugnissen große Gewinne im eigenen Land erzielen. Daraufhin gründen sie, auch auf der Boulevardgrundlage, in einem Nachbarland ebenfalls ein entsprechendes Blatt, erzielen dort auch große Auflagen und damit kapitalistische Gewinne, wobei sie ihre Auflage steigern, indem sie gegeneinander populistisch Stimmung machen. Natürlich könnte man einwenden, das sei alles eine Folge der Verführbarkeit oder des schlechten Geschmacks der Leser. Aber zur Zivilisierung des Kapitalismus gehört auch die Zivilisierung des Konsumenten, damit er sich vernünftig verhält. Das ist ein großes Thema, und dass es stärker in den Vordergrund gerückt ist, finde ich gut.

Wir kennen den Begriff des ehrbaren Kaufmanns, zum

Beispiel aus den großen Handelsstädten. Damit ist gemeint, dass die Ehrbarkeit eines Kaufmanns zugleich auch Ausdruck der Klugheit ist. Es ist viel vernünftiger, wenn man sich im Austausch und im Handel als zuverlässig erweist. Die Konzentration auf kurzfristige Erfolge und die Zuspitzung auf persönlichen Ertrag hat in der Internationalisierung der Wirtschaft einige wirklich schädliche Einflüsse produziert. Der Streit über den so genannten Shareholder Value zum Beispiel ist absolut notwendig. Natürlich ist die amerikanische Tradition eine andere als bei uns. Aber wenn in Amerika ein Unternehmen ein anderes Unternahmen kauft und dann bekannt gibt, dass dadurch Rationalisierungsgewinne entstehen, dass dadurch also Arbeitsplätze »freigesetzt« werden, wie es dann immer so schön heißt, also mit anderen Worten Arbeitslosigkeit produziert wird, und deshalb der Aktienkurs steigt, und schließlich dadurch auch die Bezüge der Vorstandsmitglieder steigen, die diesen Shareholder Value ihrerseits für sich in Anspruch nehmen, dann entsteht daraus böses Blut, was denn sonst?

Ein Problem ist auch die Trennung zwischen Wirtschaft und Politik: Anders als in der Anfangszeit der alten Bundesrepublik haben wir jetzt fast nur noch Berufspolitiker, Leute, die sozusagen schon von der Ausbildung her einen politischen Berufsweg einschlagen. Das ist natürlich ganz legitim. Aber es schadet einem Parlamentarier nicht, etwas mehr Lebens- und Berufserfahrung außerhalb der aktiven Politik gesammelt zu haben.

Gleichzeitig ist bei uns auch in der Wirtschaft das Denken zu eng. Wenn einer in der Wirtschaft war und dann in die Politik geht, wünscht man ihm gute Reise, aber wenn er wieder zurückwill oder nicht mehr gewählt wird, ist es für ihn schwer, wieder in der Wirtschaft Fuß zu fassen. In Amerika ist das vollkommen anders.

Ich habe immer die amerikanische Übung als vorbildlich empfunden, dass gerade gute Leute, wenn sie sich an ihren Hochschulen anständig ausgebildet haben, dann mal für acht Jahre in der Wirtschaft tätig sind und dann mal zehn Jahre im öffentlichen Dienst etwas leisten, dann anschließend entweder in die so genannten »Think Tanks«, aber auch wieder in die Wirtschaft selber zurückkehren. Das ist nicht nur in den politischen Wahlämtern so, sondern auch in den höheren administrativen Bereichen. Mehr als ein amerikanischer Botschafter in Deutschland war vorher in der Wirtschaft oder in der Wirtschaftswissenschaft an prominenter Stelle tätig, mehr als einer von ihnen ist nach dem Ende dieser Botschafterzeit dann auch wieder in die Wirtschaft zurückgegangen. Das ist eine gegenseitige Befruchtung, die dem Ganzen sehr nutzt.

Klaus von Dohnanyi

Klaus von Dohnanyi fordert als Sprecher des »Gesprächskreises Ost« einen neuen Kurs: Man muss sich den wahren Belastungen der Wiedervereinigung stellen, um die Probleme zu meistern

Ich habe zu Wolfgang Clement im Frühjahr 2002 gesagt: »Ihr müsst mal mit den Pragmatikern, mit den Praktikern aus Ostdeutschland selber reden.« Dann wurde dieser Gesprächskreis gebeten, die Bundesregierung zu beraten. Wir haben in der ersten Sitzung gesagt: »Es hat doch keinen Sinn, dass wir uns immer wieder treffen und hier labern, wie das früher oft geschehen ist, sondern wir schreiben mal was auf.« Wir haben etwas aufgeschrieben, und Herr Most und ich haben das redigiert. Das hat die Bundesregierung nicht sehr erfreut, weil sie das Gefühl hatte, wir kritisieren sie. Nur finde ich, dass Berater nicht nur das Recht, sondern die Aufgabe haben, zu kritisieren, sonst können sie es ja gleich lassen. Ich habe selber, zum Teil nach Veröffentlichung unseres Berichtes, auch hässliche Briefe aus Ostdeutschland bekommen, obwohl ich in Ostdeutschland an und für sich bekannt bin als das, was man dort einen Wossi nennt, also einen Westdeutschen mit starkem Ossi-Einschlag. Aber es waren nur wenige solcher Briefe.

Natürlich möchten die Ostdeutschen gerne hören, dass doch eigentlich alles, was heute geschieht, selbstverständlich ist. Sie haben den Krieg mehr verloren als wir, das ist richtig. Sie haben dafür mehr bezahlt als wir. Nicht nur durch die Diktatur, sondern auch ökonomisch. Und nun haben sie das Gefühl, der Ausgleich sei doch eine gerechte Sache. Dieser Auffassung bin ich auch. Aber wenn man ausgleicht, muss man auch wissen, was man auf sich nimmt. Und deshalb ist es eben falsch zu sagen, es seien nur fünfzehn Milliarden Euro. Das ist zwar nach einer Rechtsdefinition vielleicht richtig, aber nach einer materiellen Wirtschaftsdefinition überträgt der Westen eben in jedem Jahr neunzig Milliarden Euro oder vier Prozent seines Sozialproduktes nach Ostdeutschland. Das ist eine riesige Summe.

Auch als Nation muss ich meine Belastungen kennen. Wenn ich privat die Schulden eines Verwandten übernehme, zum Beispiel durch eine Bürgschaft, dann bin ich hinterher gesetzlich verpflichtet, sie zu begleichen. Dann kann ich eben vermutlich kein neues Auto kaufen oder nicht mehr nach Mallorca in den Urlaub fahren, weil ich erst einmal die Schulden abtragen muss. Und so ist das heute eben für den Westen gegenüber dem Osten. Das ist auch unsere Verpflichtung. Die Wiedervereinigung war eine große politische Freude. Aber wir müssen die Fakten im Auge behalten. In der Agenda 2010 kam Ostdeutschland leider nicht mit einem einzigen Wort vor. Weil man den Zusammenhang zwischen der Wachstumsschwäche und Arbeitslosigkeit Deutschlands und der Last des Aufbaus Ost nicht wirklich im Blick hat. Die EU-Kommission sagt dagegen in ihrem Bericht aus dem Jahre 2002: »Bis zu zwei Drittel der Wachstumsschwäche Deutschlands heute sind die Folgen der Vereinigung.« Dasselbe sagt Goldman Sachs. Auch der Sachverständigenrat sagt jetzt Ähnliches.

Ich glaube, die Politik traut sich nicht, auf diese Zusammenhänge hinzuweisen, weil man befürchtet, die Ostdeutschen würden das nicht mögen. Umso deutlicher kehre ich das immer wieder hervor, weil wir ohne diese Wahrheit die deutschen Probleme weder psychologisch noch materiell lösen können.

Die statistische Zahl von rund fünf Millionen Arbeitslosen muss man natürlich für Deutschland realistisch anschauen. Deutschland hat im Jahre 1990 neun Millionen Arbeitnehmer hinzugewonnen, die alle ohne einen im Wettbewerb erarbeiteten Arbeitsplatz waren. Wenn Sie heute die Arbeitslosigkeit zwischen Ost und West richtig aufteilen und dann nach OECD-Maßstab messen, dann liegt die westdeutsche Arbeitslosigkeit nur relativ geringfügig über der amerikanischen. Das wird oft vergessen.

Wir hatten 1988, ’89 und ’90 Wachstumsraten in Westdeutschland, die auf der Höhe der amerikanischen Wachstumsraten lagen. Wir hatten im Jahr 1990 keine

Nettoneuverschuldung mehr, wir waren bei null. So schlecht war der Westen also nicht. Natürlich war er reformbedürftig, natürlich hätten wir Rentenreform und Gesundheitsreform früher machen müssen. Aber der Westen war und ist heute noch sehr stark, sonst könnten wir diese Exporterfolge gar nicht erzielen und auch den West-Ost-Transfer nicht bezahlen.

Franz Steinkühler

Franz Steinkühler tritt 1993 als Chef der IG Metall zurück und arbeitet fortan als Unternehmensberater

Ich denke, Aufgabe der Gewerkschaft muss es sein, ganz massiv diesen Trend zur Verlängerung der Arbeitszeit und zu noch mehr Flexibilisierung, die der Arbeitnehmer nicht mitbestimmen kann, zu unterbinden. Ich habe nichts gegen Flexibilisierung. Ich kann nur sagen, ich habe mal als junger Mensch bei der Firma Grau gearbeitet als Werkzeugmacher. Die kleine Bude war offen von morgens sechs bis abends dreiundzwanzig Uhr, und wir konnten rein und raus, wann wir wollten. Wir haben die Zeichnung gekriegt, dann kam der Betriebsleiter zu uns: »Junge, wie lang brauchst du für das Werkzeug?« Du hast gesagt: »120 Stunden.« Dann hat er gesagt: »Nein, 100 Stunden,« also hat man sich irgendwo geeinigt zwischen 100 und 120. Und diese vereinbarte Zeit hat man dann auch bezahlt gekriegt, egal, wie lange man daran gearbeitet hat und egal, zu welcher Zeit. Als junger Mensch bin ich nachmittags im Sommer ins Freibad gegangen und kam abends um neun wieder und habe noch zwei Stunden drangehängt.

Diese Flexibilisierung, die man selbst wählen konnte,

war großartig. Gegen diese Art von Flexibilisierung hätte ich auch heute noch nichts. Aber was soll der Arbeiter am Fließband beim Daimler machen? Darf der nach seinen Bedürfnissen flexibel sein? Nein, darf er nicht! Der soll flexibel sein, wenn der Arbeitgeber ihn ruft. Und diese einseitige Flexibilisierung beschneidet die Freiheit der Menschen, und gegen die bin ich ganz entschieden, gegen die muss auch die Gewerkschaft sein.

Hilmar Kopper

Hilmar Kopper wechselt 1997 in den Aufsichtsrat der Deutschen Bank und ist in dieser Funktion auch an der Fusion zwischen Daimler-Benz und dem US-Autobauer Chrysler 1998 beteiligt. Er übernimmt auf Bitten der Bundesregierung zudem den Posten des »Beauftragten für Auslandsinvestitionen in Deutschland«

Man hat so den Eindruck, als wäre dieses Schneckentempo in Deutschland besonders ausgeprägt. Vielleicht hängt das ein wenig zusammen mit unserer etwas kleinkarierten föderativen Struktur, die alles so kompliziert macht. Es hängt möglicherweise auch zusammen mit unseren Parteien und der großen Bedeutung, die sie haben, dass wir uns so schwer tun mit Entscheidungen. Dauernd wird irgendwo gewählt, dauernd glaubt man, aus wahltaktischen Gründen das eine oder andere nicht vorantreiben zu können.

Damit ringen wir eigentlich schon seit 25 Jahren und das wird auch in der Zukunft so bleiben. Ich bedaure das. Es verlangsamt Prozesse bei uns und lässt uns auf der Wohlstandsskala relativ zurückfallen.

Ich bin ein Befürworter des Föderalismus, ich möchte

nicht falsch verstanden werden, nur können wir uns diese Form und dieses kleine Karo wirklich nicht mehr leisten. Nein, wir brauchen eine Verfassungsänderung, und die muss doch dann sowieso vom Volk getragen werden. Und deswegen wundere ich mich, dass man nun zwei Partei-Politiker darüber beraten und vorab entscheiden lässt. Wir haben 1949 Glück gehabt, unsere Verfassungsväter haben gute Arbeit geleistet. Aber alles, was sich daran anschließt, die unterschiedlichen Ländergesetzgebungen, der Wust von Gesetzen mit ihren unsäglichen Durchführungs- und Ausführungsbestimmungen ist von Übel. Jeder Politiker verspricht, dass er das durchforstet, jeder verspricht, dass er hier Tabula rasa macht. Doch es kommen jeden Tag Berge von Papier hinzu. Die Wirtschaft und der Bürger ersticken unter Bürokratie. Das wirtschaftliche Leben und die Basis des Wohlstandes werden gehemmt.

Theo Waigel

Theo Waigel scheidet mit dem Regierungswechsel 1998 aus der Bundesregierung aus. 1999 wird er von Edmund Stoiber als CSU-Chef abgelöst

Mitte der 90er Jahre haben wir zu wenig gesehen, in welchem Wandel die Welt ist. Vor allen Dingen war es fatal, dass 1998 nach dem Regierungswechsel die Reformen, die wir angestoßen hatten, noch einmal zurückgenommen wurden. Gerhard Schröder hat dann erst ein paar Jahre später eingesehen, dass dies eigentlich notwendig und sinnvoll war, und er hat es dann mit großen Schmerzen und mit einer Zeitverzögerung von drei bis vier Jahren durchgesetzt.

Wir hätten 1997 eine erste Stufe und 1998 eine zweite Stufe der Steuerreform haben können, mit der wir damals den Spitzensteuersatz auf 42 bis 43 Prozent, am besten auf 39 Prozent, gesenkt hätten. Damals wäre es sinnvoll gewesen, die Reserven zu aktivieren, zum Beispiel die Rückstellungen bei den Energieunternehmen, oder die direkten Subventionen sowie die Steuersubventionen abzubauen und damit einen echten Befreiungsschlag für niedrigere Steuersätze zu erzielen.

Das ist gescheitert an der Parteitaktik von Oskar Lafontaine, der sich leider damals Schröder und Eichel als Ministerpräsidenten angeschlossen haben. Ich glaube nicht, dass CDU/CSU und FDP an der Macht geblieben wären, wenn wir das damals '97 oder '98 durchgesetzt hätten. Irgendwann geht mal eine Zeit zu Ende. Und ich glaube nicht, dass es der SPD geschadet hätte, wenn sie damals mitgemacht hätte.

Karl Otto Pöhl

1998 scheidet Karl Otto Pöhl mit 68 Jahren aus der Geschäftsführung des Bankhauses Sal. Oppenheim aus. Sein Nachfolger wird Matthias Graf von Krockow

1998, als Schröder an die Macht kam, hat er zunächst mal die wenigen richtigen Entscheidungen, die unter Blüm und Kohl noch getroffen worden sind, Kürzung der Lohnfortzahlung im Krankheitsfall etwa, gleich wieder rückgängig gemacht. Das war natürlich ein Fehler. Das hat auch jahrelang gedauert bis es zum Teil erneut rückgängig gemacht wurde wie der demografische Faktor. Die Regierung hat lange gebraucht, bis sie die Reformnotwendigkeiten erkannt hat.

Aber in den vergangenen Jahren hat sich doch einiges getan. Das muss man sagen. Wahrscheinlich mehr als in jedem anderen Land in Europa. Deutschland ist meines Erachtens das reformfreudigste Land. Natürlich hätte man sich noch mehr vorstellen können. Aber in einem demokratischen Land, wo man die Bevölkerung braucht, ist die SPD bis an die Grenzen gegangen. Sie hat ihre Wiederwählbarkeit gefährdet. Und insofern muss man eigentlich der Regierung doch ein Lob zollen, dass sie das gewagt hat. Ob das alles richtig war, Hartz IV und ähnliche Dinge, will ich mal dahingestellt sein lassen. Aber im Prinzip hat sich die Regierung in die richtige Richtung bewegt. Das sollte man nicht vergessen: Deutschland ist auf dem Wege, in Europa wieder die ökonomische Führungsposition zu übernehmen.

Wenn Sie sich nur unsere Exportzahlen anschauen: Es gibt kein Land in der Welt, außer vielleicht Japan, aber Japan ist ein Sonderfall, das auch nur annähernd eine so leistungsfähige Exportwirtschaft hat. Das ist erstaunlich, dass wir trotzdem die hohe Arbeitslosigkeit haben, nicht? Man weiß warum, Betriebe verlagern die Produktion. Aber die Firmen sind dennoch leistungsfähig und haben enorme Anstrengungen unternommen, zu restrukturieren und wettbewerbsfähiger zu werden. Insofern ist unser Problem nicht etwa, wie oft gesagt wird, die internationale Wettbewerbsfähigkeit. Ich glaube, da haben wir wenige Probleme. Sondern das Problem ist in der Tat die Binnennachfrage. Man muss eine Situation schaffen, in der im Inland weniger gespart und mehr ausgegeben wird. So einfach ist das. Aber die einfachen Dinge sind manchmal sehr schwer umzusetzen.

Jürgen Hubbert

Jürgen Hubbert übernimmt 1998 die Führung der Mercedes Car Group. Er formuliert eine Innovationsstrategie

Wir sind in den letzten Jahrzehnten in diesem Land verwöhnt worden durch wachsenden Wohlstand und die weltweite Nachfrage nach der Qualität unserer Produkte. Das hat das Gefühl aufkommen lassen, man könne das auf Dauer konservieren. Um vorne zu bleiben, muss man aber heute mehr arbeiten als in der Vergangenheit, und da habe ich den Eindruck, dass wir das verlernt haben. Die junge Generation ist jedoch weit entfernt von »Null Bock«. Das gab es vielleicht einmal. Aber heute sehen wir an den jungen Menschen, die wir einstellen: Die wollen arbeiten, Erfolg haben, die wollen kämpfen. Da ist so eine Stimmung erkennbar, wie ich sie in der Zeit nach dem Zweiten Weltkrieg erlebt habe. Die Bereitschaft ist da.

Ich denke, Hartz IV geht in die richtige Richtung. Ich glaube, es sind auch erste positive Anzeichen erkennbar, besonders die Bereitschaft der Menschen, Arbeit anzunehmen, die bisher tabu war. Es ist bedauerlich, dass im Augenblick nur über Probleme diskutiert wird anstatt darüber zu diskutieren, dass hier ein erster vernünftiger Ansatz gemacht worden ist zur Reform unserer Sozialsysteme. Es ist kein Zufall, das der Gesetzeskorb Hartz I bis Hartz IV den Namen eines Managers trägt. Hier hat sich die Politik einiger Mechanismen bedient, die in der Industrie gang und gäbe sind. In der Industrie ist es offensichtlich leichter möglich, bestimmte Dinge durchzusetzen, die man als richtig und notwendig akzeptiert, nachdem man sie vorher sorgfältig diskutiert hat.

Wir haben in den frühen 70er Jahren gelernt, dass der Erfolg unserer japanischen Kollegen auch damit zusammenhing, dass eine Entscheidung, die einmal diskutiert und getroffen war, von allen verfolgt wird. In unserer europäischen mehr individuell ausgerichteten Gesellschaft ist es anders. Da diskutiert man auch nach der Entscheidung noch mal, ob das denn alles richtig ist und ermuntert so geradezu alle Kritiker. Trotzdem wird in der Regel am Ende das umgesetzt, was beschlossen wurde. Und diese Schleifen, dauernden Schleifen, können den Prozess nicht beschleunigen. Ich weiß nicht, warum gute Vorschläge meistens noch am gleichen Tag kritisiert und widerlegt werden. Es gibt eigentlich kaum eine Ansicht, die mal über einige Tage oder Wochen Bestand hat. Ich glaube, dass die Stabilität der Entscheidungsprozesse eine wesentliche Rolle spielt in der Frage, wie wir die Menschen in unserem Land dazu bewegen, an den notwendigen Reformen mitzuarbeiten und die notwendigen Schritte mitzugehen.

Meinhard Miegel

Meinhard Miegel warnt in seinem Buch »Die deformierte Gesellschaft«, dass ein für alles zuständiges Sozialsystem zu einer Lähmung der Eigeninitiative führt

Diese virtuelle Welt ist die politische Realität. In Deutschland gibt es ein Wechselspiel zwischen Wahlvolk und Politikern. Die Politiker versprechen schöne, bunte Träume und das Wahlvolk fragt: Wer verspricht den bunteren Traum? Und wer immer das ist, wird gewählt. So geht das ständig hin und her. Würden die Politiker ihrer Aufgabe gerecht werden, müssten sie die Bevölkerung mit einigen unerfreulichen Sachverhalten konfrontieren. Das aber unterbleibt schon seit den 50er Jahren. Seitdem ist dieser Trend sogar immer stärker geworden. Viele Politiker optimieren zugunsten ihrer Person und nicht zugunsten der Sache. Dabei verschanzen sie sich hinter der Formel: »Was nützt die richtigste Politik, wenn es keine Mehrheit dafür gibt?« Deshalb wird viel falsch gemacht, vorausgesetzt, es gibt dafür eine Mehrheit.

Die Politik ringt kaum noch mit der Bevölkerung. Im Großen und Ganzen vermeidet sie Konfrontationen. Was wir im Zusammenhang mit Hartz IV erlebt haben, war eine seltene Ausnahme. Zumeist fragt die Politik nicht: »Was wird aus dem Land?«, sondern: »Was wird aus uns Politikern?«

Besonders dringlich ist eine grundlegende Klärung der sozialen Sicherungssysteme. Denn die gegebenen Versprechen werden noch nicht einmal andeutungsweise eingehalten werden können. Ich kritisiere das nicht, aber ich bin der Auffassung, dass dies der Bevölkerung unmissverständlich gesagt werden muss. Zum Beispiel wurden in den letzten Jahren Gesetze beschlossen, die die Rentenleistungen dramatisch verringern werden. Aber das wird nicht gesagt. Zwar heißt es: »Ihr müsst auch privat vorsorgen«. Aber in welchem Umfang dies geschehen müsste, bleibt wiederum ungesagt. Wer weiß schon, dass er acht Prozent seines Bruttoeinkommens auf die hohe Kante legen müsste, um in nicht zu ferner Zukunft das sinkende Rentenniveau ausgleichen zu können. Die Politik ist zu sehr durchsetzt von Viertel-, Halb- und Unwahrheiten.

Norbert Blüm

Norbert Blüm gibt 1999 die Führung des CDU-Landesverbandes Nordrhein-Westfalen an Jürgen Rüttgers ab. In Zusammenhang mit der CDU-Spendenaffäre distanziert er sich von Helmut Kohl

Zur Philosophie unser Alterssicherung haben immer drei Säulen gehört. Die gesetzliche, betriebliche und private Säule. Ich räume ein, dass die Regierung Schröder mehr Geld in die Hand genommen hat, um die private Altersvorsorge bei Einkommensschwachen zu fördern. Nur kann dies die gesetzliche Rentenversicherung nicht ersetzen. Was Rentensicherheit anbelangt, braucht die Gesetzliche sich nicht hinter der Privaten zu verstecken. Die Rentenversicherung hat in den vergangenen hundert Jahren ihre Versprechen immer gehalten. Man kann auch nicht die gesamte Alterssicherung auf eine Kapitalbasis umstellen, weil der Einzelne so viel Kapital gar nicht ansammeln kann.

Ich war von der chinesischen Regierung als Rentenberater eingeladen. Die Experten von der Weltbank waren vorher da und haben sich acht Tage abgestrampelt, um die wissbegierigen Rentenfachleute der chinesischen Regierung von den Vorzügen eines kapitalgedeckten Rentensystems zu überzeugen. Mit Folien und Statistiken. Dann bin ich ohne Folien und Statistiken gekommen. Die Verheißungen der Weltbank stürzten wie ein Kartenhaus zusammen, als ich die naive Frage stellte: Wie hoch muss der Kapitalstock sein, um eine Bevölkerung von 1,3 Milliarden Menschen aus den Zinsen zu finanzieren? Ende der Durchsage. Vorbei.

Heinz Dürr

1997 wechselt Heinz Dürr in den Aufsichtsrat der Deutschen Bahn AG. 1999 tritt er wegen Differenzen mit dem neuen Bahnchef Johannes Ludewig als Aufsichtsratschef zurück

Die New Economy war eine Fundraisingmethode, den Leuten das Geld aus der Tasche zu ziehen. Die Kapitalmärkte haben das sehr stark forciert. Es hieß: »Alles ist möglich.« Die einfachsten Regeln der Ökonomie wurden außer Kraft gesetzt. Aber es hat jeder mitgespielt. Was ist in die Leute gefahren? Die Deutschen sind doch normalerweise vorsichtig mit dem Geld. Ich kann es nicht sagen. Die soziale Kompetenz hat nicht mehr gezählt, sondern es wurde nur noch auf Shareholder Value geachtet. Money, Money, Money. Das hat zu schweren Zerwürfnissen geführt, die heute noch nicht überwunden sind.

Es kann doch nicht sein, dass nur noch der Shareholder Value zählt. Ich bin wieder bei meiner Vorstellung eines Unternehmens als gesellschaftlicher Veranstaltung. Ein Unternehmen ist dazu da, um zunächst mal die Gesellschaft mit Gütern und Dienstleistungen zu versorgen, um Arbeitsplätze zu schaffen. Das Geld, das man dazu braucht, muss auch verzinst werden. Aber in der heutigen Zeit werden die Trillionen blitzschnell elektronisch um den Erdball gejagt, real werden sie bei Währungsgeschäften oder beim Bonus der Investmentbanker, ist das in Ordnung?

Ein weiteres Problem ist, dass von unseren Politikern an der Spitze die wenigsten in einem Unternehmen tätig waren. Ich möchte mal wissen, wer von der Bundesregierung eine Bilanz lesen kann. Eine Bilanz muss man als Unternehmer lesen können, sonst hat man nicht verstanden, wie Wirtschaft funktioniert. Der Sozialismus ist ja daran gescheitert, dass er die Regeln der klassischen doppelten Buchführung nicht mehr eingehalten hat. Er hat immer bei sich auf der Aktivseite etwas gebucht und hat vergessen auf der rechten Seite, also auf der Passivseite, eine Rückstellung zu bilden.

Unser Problem in Deutschland ist nicht nur, dass wir hohe Löhne und hohe Lohnkosten haben, sondern auch, dass wir sehr komplexe Abläufe haben. Wir haben zu strukturierte Hierarchien, die erinnern verdammt an die Planwirtschaft. Die Prozesse sind zu kompliziert in unserem Land und der Föderalismus hindert uns, zu schnellen Prozessen zu kommen. Der Föderalismus hindert auch die Regierung, vernünftige Ideen durchzusetzen. Da der Bundesrat immer anders besetzt ist als die Bundesregierung, ist das ein Blockadesystem sondergleichen.

Ich habe das erlebt bei der Bahnreform: Die Reform hat ganz zum Schluss wegen des Einwirkens der Länder noch Schlagseite bekommen. Die Länder haben gesagt: »Wenn wir zustimmen, dann wollen wir Geld, um unseren Nahverkehr regional zu gestalten.« Die haben dann richtig zugeschlagen. Dabei wollte die Bundesregierung doch die Bahnreform, weil sie endlich dieses Defizit-Monster loswerden wollte. Verhandlungsführer der Länder war damals Hans Eichel. Der versucht jetzt auf der anderen Seite, als Bundesfinanzminister, den Ländern das Geld wieder wegzunehmen, das er damals zu viel gefördert hat.

Norbert Walter

Norbert Walter wird im Juli 2000 in das Gremium der »Sieben Weisen« zur Regulierung der europäischen Wertpapiermärkte bei der EU-Kommission berufen

Die Hartz IV-Gesetze sind ein Beispiel für das tatsächliche Umsetzen von Fordern und Fördern. Insofern könnte dies schon so etwas wie die Wende in der Reformdebatte darstellen. Stillstand gibt es dagegen in unserer Bildungslandschaft, ebenso haben wir falsche Antworten in unserem Gesundheitswesen. Der Föderalismus befindet sich einer unerträglichen Schieflage. Die Mütter und Väter des Grundgesetzes haben etwas weniger Komplexes und Schwerfälliges geschaffen als das, was wir nach den 60er Jahren daraus gemacht haben. Die große Zahl von Gemeinschaftsaufgaben und von Gemeinschaftsfinanzierungen, der Umstand, dass alle die Hände in den Taschen der anderen haben, sind ebenso gravierende Ursachen für die Schwerfälligkeit des Landes, wie es die Meinungsverschiedenheiten zwischen den Ländern sind.

Es wäre schön, wenn die Politik umfassender und schneller auf die Herausforderungen der Globalisierung reagieren würde. Aber bevor man nur auf Verzögerungen hinweist, sollte man auch einmal sagen, dass die Politik gerade in Europa mit der Gestaltung der Europäischen Union vergleichsweise kreativ und tempostark agiert hat. Ich bin mir nicht sicher, ob die europäischen Unternehmen in diesem schnellen Tempo den einheitlichen Binnenmarkt etabliert hätten. Es gibt auch Hinweise darauf, dass wir bei der Architektur für Europa sehr kreative Gestalter in der europäischen Politik hatten.

Bert Rürup

Bert Rürup rückt im März 2000 in den Sachverständigenrat zur Begutachtung der gesamtwirtschaftlichen Entwicklung auf, den Rat der so genannten Wirtschaftsweisen

Das Problem resultiert daraus, dass der Politik lange Zeit der Mut gemangelt hat, zu sagen, dass nur noch ein mischfinanziertes Alterssicherungssystem eine Vollversorgung gewährleisten kann. Dies war eigentlich die historische Tat von Walter Riester, dies offen auszusprechen. Das Problem ist, dass wir erst seit dem Jahr 2002 mit kleinen Schritten in ein zusätzliches, kapitalgedecktes Vorsorgesystem hineinkommen. Denn die Folge ist, dass wir damit so etwas wie eine Sandwichgeneration erzeugt haben. Das sind die Jahrgänge 1960 bis fast 1980. Gegen die Rentenreform demonstrieren verständlicherweise die Rentner, weil sie von den Leistungsrücknahmen betroffen werden. Aber die eigentlichen Verlierer dieser großen Rentenreform – gemessen an einer

Fortschreibung des rentenrechtlichen Status bei einem Verzicht auf diese Reform – sind die Geburtsjahrgänge 1960 bis etwa 1980: Sie werden voll von den Leistungsrücknahmen getroffen und müssen gleichzeitig noch steigende Beiträge für die gesetzliche Rentenversicherung zahlen, welche die Rentner natürlich nicht zu zahlen haben. Zusätzlich haben diese Jahrgänge vergleichsweise wenig Zeit, durch die geförderte private oder betriebliche Altersvorsorge die geringeren Leistungen der gesetzlichen Rente zu kompensieren.

Aber wir haben auch Gewinner der Reform: Das sind die nach 1980 Geborenen. Um diese Jahrgänge müssen wir uns weniger großen Sorgen machen. Für diese Jahrgänge reicht das geförderte Altersvorsorgesparen aus, um die Leistungsrücknahmen bei der gesetzlichen Rente zu kompensieren, weil sie in den Genuss des achten Weltwunders kommen, den Zinseszinseffekt. Den demographischen Faktor Blüms hätte man 1998 nicht canceln sollen. Jetzt haben wir etwas Ähnliches, den komplexeren Nachhaltigkeitsfaktor. Mit diesem Faktor wird aber nicht nur die durchschnittliche Lebenserwartung, sondern auch die demografisch wie arbeitsmarktseitig bestimmte Relation von Beitragszahlern zu Rentnern berücksichtigt.

Paul Kirchhof

Paul Kirchhof kehrt 1999 vom Bundesverfassungsgericht an seinen Lehrstuhl an der Universität Heidelberg zurück. Er gründet die Forschungsstelle Bundessteuergesetzbuch

Heute ist es unglücklicherweise so, dass der Geschickte und Gewandte, der auf diesem total verstimmten Klavier des Steuerrechtes zu spielen vermag und ihm die heiteren Töne individueller Steuerersparnis entlockt, einen wesentlichen Vorteil hat gegenüber dem redlichen Bürger, der meint, dieser Rechtsstaat würde ihm schon von sich aus Recht geben. Die Steuerbelastung ist viel zu hoch, wenn sie nicht die Möglichkeit böte, durch Cleverness und Gewandtheit der Steuer ganz wesentlich auszuweichen. Aber das kann nur derjenige, der gut beraten ist oder selbst viel vom Steuerrecht versteht und der über ein gewisses Vermögen verfügt.

Wenn ich eine Fülle von Ausnahmen- und Privilegientatbeständen im Steuergesetz habe, dann leuchtet dieses Steuergesetz dem Menschen, der danach besteuert wird, nicht mehr ein. Er hat das ungute Gefühl, dass sein Freund, sein Nachbar, sein Konkurrent durch bessere Gestaltung Steuern spart. Und dann wird es natürlich für denjenigen, der hohe Steuern zahlt, einmal eine Belastung, weil er zahlen muss, zum anderen eine Belastung, weil er sich selbst einen intellektuellen Selbstvorwurf macht: die Steuer war ja vermeidbar. Und wenn die innere Plausibilität eines gleichheitsgerechten Steuerrechtes nicht mehr vorhanden ist, dann fühlt sich der Bürger in größerer Distanz zu den Prinzipien der Gleichheit vor dem Gesetz.

Wir haben im Einkommensteuerrecht jährlich acht bis zwölf Änderungen. Normalerweise steht die letzte Änderung am 31.12. im Bundesgesetzblatt. Der Steuergesetzgeber unterstellt, der Bürger in Deutschland würde an Silvester das Bundesgesetzblatt lesen. Das wird ein Irrtum bleiben. Aber das Problem ist die Planungssicherheit: Der Unternehmer, der Steuerberater, der einfache Steuerpflichtige will vor seinen Dispositionen wissen, wie der Staat mit wirtschaftlichem Erfolg umgeht. Er kann es aber nicht wissen. Er kann also nicht langfristig eine Gesellschaft gründen, er kann nicht langfristig einen Investitionsplan machen und er kann sich nicht langfristig privat etwas aufbauen, weil das Steuerrecht sich immer wieder ändert. Und die Berater, die Beamten, hetzen von Fortbildungsseminar zu Fortbildungsseminar. Und wenn sie eines abgeschlossen haben, hat sich der Gesetzgeber bereits etwas Neues ausgedacht. Das ist nicht gerade eine Ermutigung der Unternehmerinitiative, keine Ermutigung für die junge Gründergeneration.

KAPITEL 12

Ausblick – oder: Die Zukunft der Arbeit

Noch nie hat es in der jüngeren deutschen Geschichte so viele diskreditierte Begriffe gegeben wie jetzt. Sozialstaat, Reform, Solidarität – die Zauberworte der zweiten Hälfte des zwanzigsten Jahrhunderts sind bis auf weiteres entsorgt. Wie schade, denn in der Diskussion um die Zukunft des Landes und seiner Wirtschaft und damit auch um die Zukunft der Arbeit haben sich einige Webfehler eingeschlichen. Die bestehen vor allem aus Unterlassungen. Unterlassen wird (zu großen Teilen jedenfalls), die gegenwärtige Gesellschaft so komplex zu betrachten, wie sie sich dem halbwegs wachen Beobachter darstellt. Die vermutlich heterogenste Ansammlung von Zeitgenossen, die jemals das Territorium der Bundesrepublik bevölkert hat, kann mit überkommenen Rastern nicht mehr beschrieben werden. Wenn Harald Schmidt über das »Unterschichten-Fernsehen« spottet, hat das vor allem mit kulturellen Gewohnheiten oder deren Nicht-Existenz zu tun; über die Klassenzugehörigkeit sagt es nichts. Wer heute über die Probleme bei der Integration »der Immigranten« lamentiert, unternimmt dieses erstens einige Jahrzehnte verspätet und zweitens: wen meint er oder sie damit? Den Chinesen mit Abitur, den Türken ohne Deutschkenntnisse, den Afghanen, der sich, nach einer Kindheit im Bürgerkrieg, bemüht, in der Schule mitzukommen? Und schließlich:

wer sind die, die der Kanzler und sein Clement, Frau Merkel und Herr Stoiber so dringend wieder in Arbeit bringen wollen? Diese fünf Millionen Einzelschicksale, aus deren Summe sich wahrscheinlich jedes Klischee bedienen lässt, mit denen DGBBDAVERDISPDCDU operieren. Der frustrierte Hochqualifizierte, der Drückeberger mit komfortablen Schwarzgeldquellen, der zermürbte und aussortierte Schwerstarbeiter stellen als Zahl eine schier unüberwindliche Drohkulisse dar. Das ist falsch. Denn weniger auf die Zahl, so schauderhaft sie ist, kommt es an. Vielmehr auf die Analyse der Chancen, die diese Leute in Märkten haben, die – vielleicht auch durch Regeln oder einen falschen Konsens – bislang nicht entwickelt sind. So muss nicht nur eine Debatte über die Jobs der Zukunft geführt werden, sie muss auch zielführend sein. Das funktioniert nur unter der Voraussetzung, dass Argumente nicht von vornherein tabu sein dürfen – und dass die Diskutanten darin übereinstimmen, dass es nicht um den besten Weg zurück in die Industriegesellschaft der 80er Jahre geht. Sondern darum, in einem Gebilde, dass sein Selbstverständnis bis vor kurzem aus der ökonomischen Potenz bezogen hat, einen »common sense« zu verankern, der dafür sorgt, dass Vokabeln wie Sozialstaat, Reform oder Solidarität nachhaltig reanimiert werden.

Helmut Schmidt

Helmut Schmidt bleibt als »elder statesman« ein genauer Beobachter der deutschen und internationalen Politik

Ein entscheidender Punkt ist, dass es selbst im Jahre 2005 immer noch keine öffentliche Diskussion darüber gibt, dass in Deutschland nur halb so viele Kinder geboren werden, wie wir eigentlich brauchen. Und noch schlimmer: Es gibt keine öffentliche Diskussion darüber, was eigentlich geschehen müsste, um die Geburtenziffern wieder nach oben zu bringen und die Gesellschaft in ihrem Bestand zu erhalten. Das deutsche Volk weigert sich, darüber nachzudenken.

Ein anderes wichtiges Problem ist heute die Entartung unserer föderalen Struktur. Die Verantwortlichkeiten des Bundes und der Länder waren zu Gründungszeiten sehr viel klarer voneinander geschieden. Heute haben wir auf allen möglichen Feldern Mischfinanzierung, Mischverantwortung, Mischzuständigkeiten. Der Bundesrat wurde schon in den 70er Jahren, dann abermals in den 80er und 90er Jahren für rein parteipolitische Zwecke missbraucht. So auch heute: Wenn die Bundesregierung aus Sozialdemokraten besteht, dann bereiten CDU und CSU alle möglichen Schwierigkeiten im Bundesrat; wenn umgekehrt die Union regiert, machen die Sozis den gleichen Unfug. Heutzutage sind weit mehr als zwei Drittel aller Gesetze im Bundesrat zustimmungsbedürftig. Bei 70 Prozent aller Gesetze oder Gesetzesänderungen – das schließt Steuergesetze ein! – kann man über den Bundesrat der jeweiligen Regierung Schwierigkeiten machen und

Verzögerungen verursachen. Und man und tut das mit Fleiß und Genuss. So ist der jüngste Versuch einer Föderalismusreform, der durchaus ernst gemeint war, dann an einer nicht gerade erstrangigen Frage fürs Erste gescheitert.

Das Verantwortungsbewusstsein ist offenbar in beiden Parteiführungen nicht ausreichend. Es bedarf aber des Zusammenwirkens der beiden großen Parteien, um Deutschland voran zu bringen.

Richard von Weizsäcker

Richard von Weizsäcker spricht sich für eine Begrenzung der Amtszeit von Bundeskanzler und Parteivorsitzenden aus. 2002 wird er Vorsitzender des Kuratoriums Fluthilfe

Wir haben es fast immer mit langfristigen Aufgaben zu tun. Mit Recht werden aber Mandate in der Demokratie nur auf kurze Fristen, nämlich auf eine Legislaturperiode, zugesagt. Wie löst man nun das Problem, etwas langfristig Notwendiges kurzfristig mehrheitsfähig zu machen? Das ist eine Schlüsselfrage zur Gesundheit und zum Funktionieren einer Parteien-Demokratie. Es ist kein deutsches Charakteristikum, sondern gilt für alle Demokratien.

Wenn zum Beispiel in der Diskussion über die europäische Verfassung immer über die Zukunft Europas diskutiert würde, dann wäre es gut. Aber wenn innerhalb von Parteien oder zwischen Parteien nun in erster Linie darüber gestritten wird, wer der nächste Präsidentschaftskandidat wird und wie man die Europafrage instrumentalisieren kann, um in diesen Streitfragen eine bessere Position im nationalen Machtkampf zu erringen, dann ist das eine der Schwächen, die es zu überwinden gilt.

Wir stehen vor außerordentlich schwierigen Reformaufgaben. Wir werden sehr viel Geduld und Kraft benötigen, um diese Aufgaben zu bewältigen. Der Weg muss im wirtschaftlichen wie im sozialen Bereich deutlich auf eine Stärkung der Mitverantwortung gehen. Das ist im sozialen Bereich unübersehbar, das gilt aber eben auch für den wirtschaftlichen. Es nützt nichts, wenn in der Wirtschaft bei offenen Märkten und offenen Grenzen relativ rasch große Erfolge erzielt werden, ohne dass gleichzeitig die eigene Verwurzelung zu Hause gedeiht. Anders gesagt: ohne eine mitverantwortliche Tätigkeit der Wirtschaft in der eigenen heimatlichen Region lässt sich dieser Reformprozess nicht bewältigen, denn es geht bei dem langfristigen Prozess ja immer darum, inwieweit der Markt, um wettbewerbsfähig zu sein und zu bleiben, Beiträge zur sozialen Gerechtigkeit liefern kann, die wir für das friedliche Zusammenleben brauchen

Das geht nur im Zusammenwirken von uns allen, und da kann die Wirtschaft nicht einfach sagen: »Wir sind global tätig, ihr könnt sehen, wo ihr bleibt.« Ich glaube, dass die Einsicht in diese Richtung auch wächst. Das ist nicht einfach ein zusätzlicher moralischer Appell, sondern eine Erinnerung an das eigene langfristige Interesse.

Klaus von Dohnanyi

Politik muss entschleunigen, meint Klaus von Dohnanyi. Die wichtigste Aufgabe: den Deutschen den Aufbau Ost als zentrale Aufgabe der europäischen Einigung näher bringen

Beschleunigung geschieht durch beschleunigte Kommunikation. Dies wird am besten durch den Unterschied zwischen Postkutsche und Internet illustriert. Die Politik ist eigentlich in allen Ländern die Postkutsche. Auf der einen Seite gibt es eine bestimmte Verantwortung, Prozesse zu entschleunigen, das Tempo herauszunehmen. Wenn man diesen beschleunigten Kommunikationsprozessen immer folgte, würde man einen solchen Wirbelwind herstellen, dass die Gesellschaft dabei auseinander flöge.

Die politischen Systeme haben unterschiedliche Möglichkeiten, zu handeln. Ein kleiner Zentralstaat wie Finnland, Dänemark oder Österreich ist nicht ohne Grund beweglicher und anpassungsfähiger als ein großes Land, das föderalistisch organisiert ist wie die Bundesrepublik. Wir sind besonders langsam, glaube ich, und wir bekommen dadurch auch besondere Probleme, deswegen brauchen wir auch eine Föderalismusreform. Aber in gewisser Weise hat die Politik auch eine Verantwortung, Dinge zu entschleunigen.

Ich meine, dass es eine der wichtigsten Aufgaben der Politik in den kommenden Jahren sein wird, den Menschen einen Sinn für ihr Leben und für ihre Beteiligung an der Gesellschaft zu geben, der jenseits des Gelderwerbs liegt. Ich glaube, dass auch eine Aufgabe wie die Bewältigung dieses Aufbau Ost so etwas sein könnte.

Wir sind das einzige Land der Welt, das ein ehemals starkes kommunistisches Land in eine westliche Demokratie integriert hat. Das dürfen wir nicht nur ab und zu in irgendwelchen Sonntagsreden verkünden. Die Leute müssen auch spüren, dass das eine Aufgabe ist, die wir leisten wollen. Wir haben eine zentrale Bedeutung in Europa. Wir sind nicht nur die größte Wirtschaftsmacht in Europa, wir sind auch das Zentrum. Wir haben die meisten Nachbarn. Ohne Deutschland wird es keine europäische Integration geben. Wir haben eine große Verantwortung auch für die europäische Zukunft.

Otto Graf Lambsdorff

Otto Graf Lambsdorff sieht eine Abkehr von Ludwig Erhards Grundgedanken. Er warnt davor, sich an die hohe Arbeitslosigkeit zu gewöhnen

Was sich Ludwig Erhard vorgestellt hat, war sicherlich der richtige Ansatz. Da hieß es ja eben erst mal Marktwirtschaft und Wirtschaften und Erarbeiten und Wachstum und anschließend Verteilen. Bei uns hat man häufig in den letzten Jahren den Eindruck gehabt, dass das Soziale im Vordergrund stand. In den letzten fünfzehn Jahren ist das im Wesentlichen so gelaufen, dass immer erst verteilt wurde und immer mehr verteilt wurde, ohne dass man sich darum gekümmert hat, wo das eigentlich herkommen sollte und wo die Volkswirtschaft die Kraft hernehmen sollte, solches Wachstum und solche Verteilungsmassen zu generieren. Ich habe 1982 damals mein Papier geschrieben und gesagt, »wenn das so weitergeht, dann wird das die Grundfesten unserer Gesellschaft erschüttern« und da hatten wir 1,9 Millionen Arbeitslose.

Fünf Millionen Arbeitslose sind ein alarmierendes Zeichen, eine beunruhigende Zahl.

Ob es 4,9 oder 5,1 sind, ist nicht der große Unterschied. Richtig ist, dass jetzt wohl die Statistiken und die Zahlen ehrlicher geworden sind. Die Wahrheit ist, dass uns sechs bis sieben Millionen Jobs fehlen. Es braucht wirklich eine Riesenanstrengung – schnell ist das nicht zu schaffen – dass wir von zehn Prozent Arbeitslosigkeit deutlich herunterkommen. Der Politikbetrieb hat sich auch im Vergleich zur Vergangenheit verlangsamt. Das ist wie schleichend vor sich gegangen. Man kann es ablesen an der Zahl der zustimmungspflichtigen Gesetze durch den Bundesrat, die von dreißig auf sechzig Prozent angestiegen ist. Wir sind bewegungsunfähig und dann sind wir auch reformunfähig. Aber da reagiert die Politik auch auf die allgemeine Bewusstseinshaltung. Ich habe manchmal den Eindruck, dass die Menschen sagen: »Na ja, zehn Prozent sind arbeitslos, aber neunzig Prozent haben Arbeit, dann zahlen wir mal den zehn Prozent ordentliche Arbeitslosenentschädigung, dann halten sie Ruhe und wir brauchen uns nicht an neue Entwicklungen zu gewöhnen.« Das ist verheerend. Das ist schon viel zu lange so gelaufen. Es muss geändert werden, sonst fahren wir eines Tages den Wagen gegen die Wand.

Kurt Biedenkopf

Kurt Biedenkopf tritt im April 2002 als Ministerpräsident von Sachsen zurück. Statt eines Reformstaus habe man nun ein Reformdurcheinander, so Biedenkopf

Reformstau ist ein guter Begriff, weil man sich bildhaft darunter etwas vorstellen kann. Wir haben es in Deutschland bis Mitte der 90er Jahre zugelassen, dass alle ungelösten Fragen und Probleme, die sich aus der Veränderung der Wirklichkeit ergaben, hinter einem Staudamm gewissermaßen angestaut wurden. Sie schienen nicht zu existieren, obwohl der Reformdruck hinter dem Staudamm immer größer wurde. Dieser Zustand herrschte bis fast Ende des zwanzigsten Jahrhunderts. Er dauerte auch in der ersten Legislaturperiode Schröder noch an, wenn ich einmal von einem wichtigen Durchbruch absehe: der Anerkennung der gleichberechtigten Notwendigkeit privater Altersvorsorge neben dem auf Umlageverfahren beruhenden gesetzlichen Rentensystem. Dies war ein wichtiger erster Schritt.

Dann jedoch hat Schröder mit der Agenda 2010 den Reformstaudamm eingerissen. Die Folge ist, dass wir jetzt keinen Reformstau, sondern ein Reformdurcheinander haben. Jetzt stellen wir plötzlich überall fest, dass man etwas verändern muss. Aber es fehlt der Plan, nach dem sich die Veränderungen zu einer Neugestaltung der Gesamtordnung zusammenfügen. Wir haben eben jahrelang nicht mehr ganzheitlich, das heißt, in einer Ordnung der Wirtschaft gedacht, sondern interventionistisch, durch Einzelmaßnahmen Wirtschaftspolitik betrieben. Alle haben nach Interventionen zugunsten eines Besitzstandes oder zur Überwindung eines bestimmten Problems verlangt, ohne nach den Wirkungen solcher Interventionen auf die Gesamtordnung zu fragen. Und der Staat hat sich auf die interventionistische Wirtschaftspolitik eingelassen. Er hat die notwendigen Ordnungszusammenhänge nicht länger berücksichtigt und damit den Ordnungsgedanken selbst gefährdet. Und er hat sich von einer immer größeren Zahl von Einzelinteressen und Einzelbesitzständen abhängig gemacht. So geht es dem Staat heute wie Gulliver bei den Liliputanern. Jede Einzelmaßnahme für sich gesehen ist schwach. Alle zusammengefügt binden sie den Staat, fesseln ihn und machen ihn damit zunehmend handlungsunfähig. Es ist deshalb unerlässlich, wieder zum ordnungspolitischen Denken in der Wirtschaftspolitik zurückzukehren.

Daraus ergibt sich: Die wichtigste Reform, die uns ins Haus steht, ist die Reform des Denkens. Wir können noch so viele Institutionen verändern. Wenn die Menschen diese Veränderungen nicht im Kopfe nachvollziehen, können sie nicht wirksam werden. Dies macht die Reform so schwierig. Denn wir haben uns in den letzten vierzig Jahren eine Form des wirtschaftspolitischen Denkens angewöhnt, das nicht länger auf die Ordnungszusammenhänge Rücksicht nimmt und deshalb – wie Meinhard Miegel es genannt hat – zu einem zunehmend deformierten Denken führte - und damit zu einer Deformation der Gesellschaft selbst. So müssen wir wieder begreifen, dass ein Unternehmer nicht im Sinne der heutigen Auseinandersetzung Unternehmer ist, sondern ein Arbeiter, dessen Arbeit darin besteht, für Andere Arbeit zu schaffen. Wir müssen anerkennen, dass diese Arbeit große Bedeutung hat, weil nur durch sie die Arbeitslosigkeit überwunden werden kann.

Wenn wir uns von der Vorstellung leiten lassen: weil jemand Unternehmer ist, ist er reich und weil er reich ist, interessiert er sich nicht mehr für seine Mitarbeiter, dann provozieren wir die Entwicklung, die wir verhindern wollen. Wenn die Deutsche Bank oder andere große, international tätige Unternehmen sich gezwungen sehen, Leute zu entlassen, dann muss die erste Frage lauten, werden solche Entscheidungen von Führungskräften getroffen, die damit in die eigene Tasche wirtschaften, oder werden sie getroffen, damit die Unternehmen auch in zehn Jahren noch in Deutschland existieren und nicht gezwungen sind, sich an Unternehmen in Amerika oder an anderer Stelle der Welt anzulehnen.

Alles in allem müssen wir uns von Illusionen trennen: wir müssen, mit anderen Worten, die Illusionen, die in den letzten dreißig Jahren im wirtschaftspolitischen Bereich entstanden sind, rückabwickeln. Die dafür notwendige Aufklärung der Menschen ist nur möglich, wenn das Land sich wieder große Ziele gibt: Ziele, die dem, was wir leisten und wohin wir wollen, einen Sinn geben. Es sind diese Fragen nach dem Sinn dessen, was wir tun, wofür wir uns anstrengen, wofür wir arbeiten, sparen, Lasten auf uns nehmen und Verantwortung, die wir in unserem Land wieder diskutieren müssen. Wenn wir dies tun, finden wir auch auf die anderen neuen Fragen neue Antworten.

Edzard Reuter

Deutschland hat keinen Grund, sich zu verstecken, meint Edzard Reuter. Wir müssen nur wacher und schneller werden

Die Behauptung, Deutschland habe in den 70er Jahren die Globalisierung verschlafen, ist Unsinn. Deutschland ist mindestens auf einem Gebiet schon immer einer der globalsten Wirtschaftsräume gewesen, nämlich auf dem Gebiet des Exportes. Wir haben in Deutschland gelernt, wirklich auf die Märkte zu gehen, auf denen wir verkaufen können: Das haben wir uns in der gesamten Nachkriegszeit an den Schuhsohlen abgelaufen, das war Globalisierung. Wir haben uns überall darum gekümmert, dass wir Produkte hatten, die für die Kunden interessant sind.

Wir haben auch Phasen der Selbstüberhebung durchgemacht. Als die Japaner das erste Mal auftauchten, mein Gott, ich weiß noch wie wir Autobauer gelacht haben, als die Japaner auf der IAA in Frankfurt herumliefen mit ihren Kameras und möglichst in die aufgeklappten Motorräume herein fotografierten. Es hat aber nicht lange gedauert, bis wir gemerkt haben: Donnerwetter, da wächst Konkurrenz heran. Wir waren schon gesegnet mit einer gewissen Arroganz und Überheblichkeit. Ich weiß noch, als ich bei Daimler-Benz anfing, da war es selbstverständlich, wenn ein neues Auto auf den Markt gebracht werden sollte, hatte der Vorstand keine Ahnung davon, was das für ein Auto sein würde. Der Entwicklungschef kam und sagte: »Liebe Kollegen, wir müssen am Ende der Vorstandssitzung mal unten vor die Tür gehen, da steht was, das will ich euch zeigen.« Dann war das fertige Auto da und das wurde dann produziert und verkauft und wurde ein Erfolg. Die Überheblichkeit galt übrigens auch für die Betriebsräte und Gewerkschaften. Aber so lange hat das nicht gedauert, da sind unsere Leute nach Japan gefahren und haben umgekehrt auch von denen gelernt.

Dieser Prozess der Globalisierung, des Voneinanderlernens hat sich beschleunigt. Globalisierung heißt im Grunde nichts anderes, als dass sämtliche Kenntnisse und Informationen, die es gibt, um erfolgreich wirtschaften zu können, heutzutage in Sekundenschnelle genau wie das Geld um die Welt gehen. Das Geheimnis des Erfolges ist also viel kurzfristiger geworden. Man muss viel schneller reagieren können. Das ist eigentlich etwas, an dem wir in Deutschland immer noch so ein bisschen rummachen. Wir sind nicht die Allerschnellsten, nicht die Allerbeweglichsten, aber auf der anderen Seite hat auch das seine Kehrseite. Die Kehrseite heißt, wir sind bedachtsam, wir achten auf Qualität, wir machen nicht verrückte Geschichten. Wir haben keinen Grund uns zu verstecken. Aber wir müssen manchmal ein bisschen heller, wacher, schneller werden. Der Standort Deutschland wird auch noch in hundert Jahren ein hervorragender Standort sein, wenn wir offen und klar die Probleme auf den Tisch legen und sie nicht verkleistern, nicht mit diesem üblichen Politblabla versehen, die Fehler beim anderen suchen, sondern auch bei uns selbst. Wir müssen nüchtern sein, wirklich nachdenken, und Abschied nehmen von Vorstellungen des neunzehnten Jahrhunderts.

Franz Steinkühler

Franz Steinkühler hat nichts dagegen, Tarifpolitik in die Betriebe zu verlagern

Ich hätte keine Angst davor, Tarifpolitik in die Betriebe zu verlagern. Es ist Aufgabe der Gewerkschaften, am Arbeitsplatz zu sein, dort wo die Menschen ihre Existenzmitte haben. Es kann ja kein Fehler sein, wenn wir es wieder in die Betriebe geben. Das ist natürlich viel mühsamer, aber das kann kein Hinderungsgrund sein. Also mich können die Arbeitgeber mit der Drohung »Weg vom Flächentarifvertrag« keine Sekunde unter Druck setzen. Wenn die Arbeitnehmer in den Betrieben begreifen, dass die Qualität ihrer Abschlüsse von ihrem Organisationsgrad abhängt und nicht irgendeine anonyme Gewerkschaft für sie die Verträge mitmacht, die dann im Betrieb schlecht umgesetzt werden, dann wird die Gewerkschaft dadurch nicht schwächer, sondern stärker.

Hilmar Kopper

Die wichtigsten drei Reformansätze laut Hilmar Kopper: Föderalismusreform, Deregulierung, Analyse der Beschäftigungssituation

Der erste Reformansatz: Überprüfung unserer föderalistischen Struktur. Ganz wichtig, weil sie sehr hemmt und sehr viel Kraft absorbiert. Zweitens, ganz pauschal: Deregulierung, wo immer möglich. Wir haben zu viel Regulierung. Drittens, eine viel nachhaltigere Beschäftigung mit unserer Arbeitsmarktsituation. Das heißt: am liebsten ein Gesetz, das es zwingend notwendig macht, alle anderen Gesetze daraufhin zu durchleuchten, ob sie Beschäftigung anregen sind oder Beschäftigung hemmen.

Das Zeitfenster für Reformen wird immer kleiner. Wenn das Taktieren weiter im Vordergrund steht, wenn es nur ein Interesse gibt, das Politiker motiviert, nämlich wieder gewählt zu werden, dann werden die Fenster immer kleiner, immer schmaler. Für Reformen braucht man natürlich auch deutlichere Mehrheiten, damit man mal wirklich auch einige unpopuläre Dinge am Anfang einer Legislaturperiode durchdrücken kann, ohne dass man dafür gleich Quittungen in den nächsten drei Regionalwahlen bekommt und deshalb zurückschreckt, weil das dann wieder Machtveränderungen im Bundesrat auslöst.

Theo Waigel

Theo Waigel fordert eine nüchterne Standortbilanz für Deutschland

Das Entscheidende sind die Angebotsbedingungen und die Steuersätze, die darüber entscheiden, ob ein wirtschaftsfreundliches Klima vorhanden ist. Entscheidend ist die Infrastruktur, das politische Kapital, entscheidend sind Investitionen, Innovationen, Forschung, der Zustand des Bildungssystems. Darum muss jedes Land eine Standortbilanz erstellen und sich fragen: Wo stehen wir? Was sind unsere Vorteile? Da kann Deutschland eine Menge Positives in die Waagschale werfen: relative politische Stabilität – unser System ist stabiler als in vielen Teilen der Welt. Die Infrastruktur kann sich sehen lassen, Forschung und Entwicklung sind verbesserungsfähig, aber immer noch nicht schlecht.

Aber dann muss man auch die negativen Dinge sehen. Soziale Sicherungssysteme, die auf die Dauer nicht finanzierbar sind, zu hohe Ertragsteuerbelastungen, zu hohe Abgaben, ein politischer Prozess, der zu lange dauert. Wir haben eine Situation, in der zwei Jahre vor einer Wahl kaum noch etwas stattfindet, ein Jahr nach einer Wahl nur wenig und nur dann, wenn die Mehrheitsverhältnisse im Bundestag und Bundesrat gleich sind. Das sind erhebliche Nachteile, zu hohe Kosten, und diese Standortbilanz muss man nüchtern ziehen und daraus Konsequenzen ziehen.

Karl Otto Pöhl

Karl Otto Pöhl zeigt sich besorgt über steigende Gegensätze zwischen Arm und Reich in Deutschland. Er fürchtet ein Ende der Konsensgesellschaft

Wir haben in Deutschland ja eine Gesellschaft entwickelt nach dem Krieg, die den Konsens als Ideal hatte, das hat auch gut funktioniert. Es war mit ein Grund, warum wir kaum Streiks hatten und warum die Zufriedenheit in Westdeutschland eigentlich relativ groß war. Und jetzt mit der Wiedervereinigung, aber nicht nur deshalb, hat sich das doch drastisch geändert.

Wir haben einen Bevölkerungsteil hinzubekommen, der schon zu den Armen gehörte. Nicht nur, dass die Einkommen in Ostdeutschland niedriger waren, wesentlich niedriger, es gab ja auch keine Vermögen. Das darf man auch nicht vergessen. In Westdeutschland waren die Menschen doch in der Lage, Geldvermögen zu bilden.

Jeder hatte zumindest einen kleinen Bausparvertrag und hatte dies und das.

Und dieser Kontrast hat sich, glaube ich, verschärft und ist dabei, sich weiter zu verschärfen. Und ich bin sehr besorgt darüber, dass sich die Bundesrepublik zweiteilt. In einen Teil der Bevölkerung, dem es nach wie vor hervorragend geht, auch zum Beispiel alten Menschen, die eben reichliches Einkommen haben und auf Mallorca überwintern können und was weiß ich. Und einen wachsenden Teil von Menschen, die nach unseren Begriffen jedenfalls in Armut leben, wie der Armutsbericht der Bundesregierung gerade wieder gezeigt hat. Natürlich ist Armut ein relativer Begriff. Verglichen mit einem Inder in Kalkutta lebt auch bei uns der Ärmste noch im Luxus. Aber das ist eben ein relativer Begriff. Dass der Arme und der Reiche sich immer krasser gegenüberstehen, das bereitet mir schon Sorgen.

Jürgen Hubbert

Jürgen Hubbert übergibt die Leitung der Marke Mercedes 2004 an Eckhard Cordes. Er mahnt, die Herausforderungen der Globalisierung anzunehmen

Unser Unternehmen hat alle Voraussetzungen, zu einem der Unternehmen zu gehören, die auch in Zukunft im Weltmarkt aktiv und erfolgreich sind. Wir haben unsere Lektionen gelernt und daher bin ich überzeugt, dass die Autoindustrie hier eine Zukunft hat, wenn es uns gelingt, zusammen mit der Politik die Reformprozesse zu vollziehen, die notwendig sind, um unsere Wettbewerbsfähigkeit zu erhalten.

Ich glaube, man muss noch mal alle Sensoren ausrichten auf die Welt um uns herum. Damit deutlich wird, dass wir in einem knallharten Wettbewerb stehen, nicht nur in einem Wettbewerb der Unternehmen, der Produkte, sondern der Systeme und der Gesellschaften, und dass wir im Augenblick auf einem Weg sind, der nach unten führt. Wenn wir nicht die Reformen im Arbeitsmarkt, in der Rente, der Gesundheit und in unserer länderpolitischen Landschaft umsetzen, werden wir keinen Erfolg haben. Ich bin überrascht, dass es in unserem Land noch Leute gibt, die glauben, man könne Globalisierung aussitzen.

Globalisierung ist ja nichts anderes, als dass in einer voll informierten Welt die Menschen in Asien, in Lateinamerika, in Osteuropa sehen, wie wir leben und den gleichen Anspruch erheben, wie wir zu leben, und das zu erreichen versuchen, indem sie ihre Ressourcen einsetzen, sei es günstige Arbeitskraft oder längere Arbeitszeiten. Das wird so lange nicht aufhören bis ein gewisses Gleichgewicht erzielt ist. Das bedeutet, dass wir uns dauerhaft in den nächsten Jahrzehnten in dieser Art Wettbewerb befinden und nur gewinnen können, wenn wir wettbewerbsfähig sind. Das den Menschen klarzumachen, ist die Aufgabe aller Verantwortlichen.

Meinhard Miegel

Meinhard Miegel ruft 2003 einen »Bürgerkonvent« ins Leben. Er soll dazu dienen, den Reformstau in Deutschland aktiv zu überwinden

Durch den fortwährenden Ausbau des Sozialstaats wurden große Teile der Gesellschaft deformiert. Viele fragen: Wieso soll ich mich um Alte, Pflegebedürftige oder Kranke, um Kinder oder Nachbarn kümmern? Das macht doch alles der Staat. Ähnliches gilt bei wissenschaftlichen, kulturellen oder sozialen Aufgaben. Zwar hat in jüngerer Zeit die Zahl der Stiftungen erheblich zugenommen, aber von einer Bürgergesellschaft sind wir noch meilenweit entfernt. Die Entfremdung der Gesellschaft von sozialen Funktionen ist für mich das eigentliche Problem, nicht Wirtschaftsprobleme. Weil der Staat praktisch alle sozialen Funktionen übernommen hat, ist die Gesellschaft im eigentlichen Wortsinn a-sozial geworden. Warum sich sozial engagieren? Viele meinen, sie zahlten so viele Steuern, dass sie sich damit von ihren sozialen Verpflichtungen freigekauft hätten. Zum Teil hat es die Bevölkerung mittlerweile schlicht verlernt, sozial zu handeln. Aber möglicherweise hat hier mittlerweile ein Umlernprozess eingesetzt.

Norbert Blüm

Norbert Blüm scheidet 2002 aus dem Bundestag aus. Er hält Vorträge an der Universität Bonn und setzt sich für Menschenrechte ein

Marktwirtschaft wurde erst möglich, als der Sozialstaat gebildet worden war. Denn erst als die großen sozialen Risiken wie Invalidität, Krankheit oder Unfall aus dem Betrieb herausgenommen wurden, erst dann war eine Ratio möglich, die sich an Wettbewerb und Gewinn orientierte. Ein Grund für das Dilemma der DDR-Wirtschaft war, dass das Unternehmen gleichzeitig einen Teil der Funktionen des Sozialstaates aufgenommen hatte. Die DDR hatte gewissermaßen auch eine Arbeitslosenversicherung, denn in der DDR haben die Arbeitslosen halt im Betrieb herumgestanden. Das ist nicht die Arbeitslosenversicherung, auf die eine soziale Marktwirtschaft aufbaut. Insofern ist das Wort »sozial« nicht ein schmückendes Beiwort, sondern es schafft die Voraussetzungen, dass Marktwirtschaft überhaupt funktionieren kann und überlebensfähig ist. Marktwirtschaft funktioniert nur mit einem Rechts- und Sozialstaat.

Unsere Jahrhundertaufgabe wird es sein, dem global agierenden Kapital Ordnungskräfte zur Seite zu stellen, die ebenfalls global agieren. Denn derzeit haben wir eine ausgesprochene Asymmetrie. Die Finanzströme laufen so schnell, dass kein Finanzminister ihnen folgen kann. Und der Sozialstaat ist noch national formiert. Dieses Gleichgewicht der Kräfte herzustellen, ist die große Aufgabe. Wir brauchen globale Regeln, beispielsweise für den Arbeitsschutz. Kinderarbeit zum Beispiel darf in keinem Kulturkreis erlaubt sein. Wir brauchen auch fairen Handel, größere Wirtschaftsräume, das ist ja ein Grund für ein einheitliches Europa. Und zwar nicht nur ein Europa der einheitlichen Währung, sondern auch ein Europa mit einheitlichen Mindeststandards, an die sich alle halten.

Wolfgang Schäuble

Wolfgang Schäuble erklärt 2000 seinen Rücktritt vom Partei- und Fraktionsvorsitz, um nach der CDU-Spendenaffäre einen Neuanfang zu ermöglichen. In der Partei und Fraktion ist er fortan vor allem für Außenpolitik zuständig

Es liegt vielleicht an dem hohen Wert, den der Konsens in unserer Öffentlichkeit hat. Das Wettbewerbsmodell, auf dem die Demokratie beruht, ist weitgehend nicht akzeptiert. Deswegen ist auch Parteienstreit bei uns negativ besetzt. Aber die Parteien müssen streiten. Wenn im Sport nicht beide Mannschaften gewinnen wollen, dann wird der Sport verfälscht. Und so ist es in der Demokratie. Man muss gewinnen wollen. Da muss man versuchen zu erklären, Überzeugungen zu schaffen. Das ist nicht ganz einfach.

Wir haben die Erfahrung der Weimarer Republik: Ein Übermaß an Polarisierung ist nicht hilfreich. Ein Übermaß an Radikalisierung hätte dieser Bundesrepublik Deutschland nicht gut getan. Deswegen war es eine richtige Politik zu sagen: Lasst uns versuchen, den Zusammenhalt zu stärken. Lasst uns versuchen, Flüchtlinge, Vertriebene zu integrieren – fünfzehn Millionen Menschen. Dann hat man es ein bisschen übertrieben, das musste ein Stück weit aufgebrochen werden. Es gab dann ja auch Phasen von Innovation. Aber dass es sich insgesamt in einer Weise abspielt, die den inneren Zusammenhalt nicht gefährdet, ist nicht schlecht. Wir haben jetzt die Kehrseite: Wir sind zu schwerfällig geworden. Aber in dem Moment, in dem dieses Problem wirklich bewusst ist, wachsen auch wieder die Gegenkräfte. In der Gefahr liegt Rettendes eben doch nahe, wie mein schwäbischer Landsmann Hölderlin erkannt hat.

Heinz Dürr

Nicht nur große Konzerne, sondern auch jeder Betrieb und jeder Arbeitnehmer muss sich der Globalisierung stellen, sagt Heinz Dürr

Das Problem ist, dass wir in Deutschland mit immer weniger Leuten immer mehr produzieren. Man muss die Globalisierung in die Diskussion einbeziehen, wir sind in einem gnadenlosen Wettbewerb tätig und das hat zunehmend Folgen für unseren Sozialstaat.

Ich kann mir vorstellen, dass es einem Arbeiter beim Dürr nicht gefällt, wenn ihm gesagt wird, dass wir die Produkte, die wir bisher in Stuttgart hergestellt haben, künftig in Polen herstellen wollen zu einem Fünftel der Kosten. Auf der anderen Seite sind seine Kollegen im Vertrieb, in der Entwicklung und im Management froh, dass wir endlich wieder Produkte und Kosten haben, die konkurrenzfähig sind, weil wir sie in diesen Ländern produzieren. Den Gedanken der Solidarität können sie dabei nicht mehr so ausspielen, wie es nach dem Krieg in Zeiten des Wirtschaftswunders der Fall war. Und diejenigen, die dann hier demonstrieren gegen die Verlagerung von Arbeitsplätzen in Billiglohnländer wie Asien, haben mit Sicherheit ein T-Shirt an, auf dem »Nein zu Hartz IV« drauf steht, das aber aus Vietnam kommt. Heuchelei auf die Spitze getrieben. Die Komplexität der globalisierten Wirtschaft ist so groß geworden, dass das keiner mehr versteht.

Die Anlagen der Firma Dürr werden nur noch zum Teil in Deutschland gebaut. Aus Kostengründen müssen wir in China produzieren, und die Inbetriebnahme, die Softwareunterstützung können wir uns aus China oder Indien verschaffen. Das ist eine äußerst schwierige Gemengelage, aber ich als Unternehmer habe schlussendlich dafür zu sorgen, dass die Einnahmen größer sind als die Ausgaben, dass Gewinn gemacht wird. Denn wenn das nicht mehr stimmt, verschwindet die Firma und dann habe ich noch größere Probleme, als mich hier mit Diskussionen über die Globalisierung herumzuschlagen. Aber wir haben genügend Ideen, uns auch in Zukunft in einer globalisierten Welt durchzusetzen. Wenn ich heute Anfang zwanzig wäre, würde ich wieder Unternehmer werden, wenn auch vielleicht in einer anderen Branche.

Norbert Walter

Norbert Walter plädiert für mehr Eigeninitiative und für mehr gesellschaftliche Verantwortung des Einzelnen, um Europas Wachstumsziele zu erreichen

Es ist enorm wichtig, die mittelfristige Perspektive ins Auge zu fassen. Daher bin ich weder über die Agenda 2010 unglücklich noch über die sehr ambitionierte Lissabon-Agenda mit der Vorstellung, Europa bis zum Jahr

2010 zum führenden wissensbasierten Wirtschaftsraum der Welt zu machen. Ich bin glücklich, dass die Politik dieses Zeitfenster deutlich macht. Wir Europäer haben jetzt noch die Gelegenheit, mit vielen Händen und Köpfen, die meisten noch frisch und gut ausgebildet, diese Aufgabe anzugehen und zu erledigen. Wenn wir aber glauben, dass wir uns damit Zeit lassen könnten, liegen wir falsch – das demografische Fenster schließt sich.

Der Druck oder der Erkenntnisfortschritt reichen noch nicht aus, um die enormen Aufgaben bis zum Jahr 2010 zu bewältigen. Die Fähigkeit und die Bereitschaft zu einer schmerzhaften Anpassung sind in unserer Gesellschaft noch nicht ausreichend entwickelt. Wir machen uns noch nicht genügend klar, auf welche Weise wir als junge Menschen oder auch als ältere Menschen durch kreative Beiträge unsererseits noch einen Leistungsbeitrag zu dieser Gesellschaft abliefern können. Wir sollten nicht mit weniger zufrieden sein.

Bert Rürup

Bert Rürup leitet seit 2002 die »Kommission für die Nachhaltigkeit in der Finanzierung der Sozialen Sicherungssysteme«

Noch ist Deutschland ein Globalisierungsgewinner. Der Kampfbegriff, Deutschland verkomme zu einer Basisökonomie, weist in die Irre. In den vergangen zwölf Jahren ist der Anteil der im Ausland bezogenen Vorprodukte an den deutschen Exporten von achtundzwanzig auf vierzig Prozent gestiegen. Das wird von einem bekannten Münchner Kollegen als »Basarökonomie« bezeichnet. Die hohe Wettbewerbsfähigkeit Deutschlands, präziser die »ability to sell« der deutschen Unternehmen und damit die Exportweltmeistereigenschaft resultiert zu einem großen Teil daraus, dass kostenintensive Anteile der Wertschöpfungskette ins Ausland verlagert werden. Von jedem Euro, der im Export verdient worden ist, werden vierzig Prozent für die Vorprodukte an das Ausland gezahlt. Aber dadurch ist es den Unternehmen möglich, die Zahl der verdienten Euros sehr viel stärker zu steigern als den Anteil der Vorprodukte, so dass insgesamt als Folge dieser Auslagerungen der deutsche Export weiterhin ein Wachstums- und wohl auch ein Beschäftigungsmotor ist.

Man hätte die Agenda 2010 eigentlich Agenda 2004 nennen müssen, weil die Elemente dieses Programms 2003 gemacht und 2004 umgesetzt wurden. Es wäre verheerend, wenn wir jetzt bis zum Jahr 2010 nichts mehr machen würden, nach dem Motto: »Das war's.« Allerdings bin ich gar nicht so pessimistisch, was die Reformfähigkeit Deutschlands angeht. Wenngleich wir uns in einer föderalen Politikverflechtungsfalle befinden. Das macht es so schwierig, dass wir nun nach zähen Prozessen zu Entscheidungen kommen. Aber, wenn wir uns ansehen, was von September 2002 bis Ende 2004 passiert ist, ist das schon beachtlich.

Wir haben die Hartz-Gesetze. Im September 2002 hätte sich niemand träumen lassen, dass in Deutschland unter einer sozialdemokratisch geführten Regierung die Arbeitslosenhilfe auf das Niveau der Sozialhilfe abgesenkt wird. Dann wurde eine sehr weitreichende Rentenreform auf den Weg gebracht, die zum Ergebnis hat, dass, wenn noch die Altersgrenze von 67 Jahren einführt wird, dieses System langfristig konsolidiert ist. Das heißt, das Problem der Rentenversicherung – wenn die Regierungen wirklich an der Reform von 2004 festhalten – ist gelöst, aber leider noch nicht das Problem der Altersvorsorge, weil die Ergänzungssysteme noch fehlen.

Dann hatten wir eine Gesundheitsreform, die nicht der große Wurf ist, aber mehr enthält als die öffentliche Debatte wahrhaben will. Die Reform enthält ja viel mehr als Praxisgebühr und Zuzahlungen.

Da sind: integrierte Versorgungsnetze, neue Honorierungssysteme und die Öffnung der Krankenhäuser für ambulante Versorgung. Schließlich wurde durch das Alterseinkünftegesetz die Besteuerung von Altersvorsorgeaufwendungen und Alterseinkünften komplett umgebaut. Die schrittweise Steuerbefreiung der Altersvorsorge und gleichzeitige schrittweise Besteuerung der Renten hat sehr positive Verteilungswirkungen zwischen den Generationen.

Ich würde nicht sagen, dass dieses Land nicht reformfähig sei. Wir sind sehr wohl fähig zu Reformen. Aber: Was wir bis jetzt geschafft haben, das war es noch nicht.

Paul Kirchhof

Paul Kirchhof legt 2001 ein Steuerkonzept vor, das die Senkung der Steuersätze und das Streichen sämtlicher Steuervergünstigungen vorsieht

Zunächst einmal: Wir haben kein Einnahmenproblem. Wir haben regelmäßig leicht schwankend staatliche Steuereinnahmen in Höhe von etwa 450 Milliarden Euro im Jahr. Das ist genug. Wir haben diese Einnahmen allerdings bereits ausgegeben, bevor sie da sind. Wir müssen also auf die Staatsaufgaben schauen, die wir zurücknehmen müssen, und wir müssen die Verschwendung bekämpfen.

Wir haben außerdem die Schraube des Klientelstaates so weit überdreht, dass man sich in naher Zukunft auf die Grundprinzipien der Freiheit vom Staat, des Wirtschaftens in Distanz zum Staat, rückbesinnen wird. Je mehr Politik die Größe hat, auf die Klientelwirtschaft nach dem Motto »Ich gebe dir was, du gibst mir was« zu verzichten, desto weniger Staatsaufgaben müssen wir finanzieren. Umso mehr bleibt dem Steuerpflichtigen von seinem selbst verdienten Einkommen, von seiner selbst verdienten Kaufkraft in der eigenen Geldbörse.

Wichtige Grundprinzipien des neuen Steuermodells sind folgende: Wir nehmen alle Lenkungs-, Interventions- und Ausnahmetatbestände aus dem geltenden Einkommensteuerrecht heraus. Damit verbreitern wir die Bemessungsgrundlage des steuerpflichtigen Einkommens um 240 Milliarden Euro jährlich und haben dadurch ein erheblich erhöhtes Steueraufkommen. Dies geben wir vollständig durch Absenkung der Steuersätze an die Allgemeinheit der Steuerpflichtigen aufkommensneutral zurück. Auf diese Weise kommen wir zu einem Steuerrecht, das die ersten 10 000 Euro Einkommen im Jahr, also bei Ehegatten 20 000 Euro, steuerfrei stellt. Dann haben wir drei Steuersätze: 15, 20 und 25 Prozent. Und jeder, der in Deutschland arbeitet oder nach Deutschland kommt und arbeiten und investieren will, ist sich sicher: Wenn er Erfolg hat, wird der Staat bis zu einem Viertel nehmen, aber drei Viertel verbleiben garantiert für denjenigen, der das Einkommen verdient hat.

Ein weiterer wichtiger Punkt: Wir wollen das Steuerrecht familiengerecht umgestalten. Ein familiengerechtes Steuerrecht enthält natürlich das Splitting, weil das jede Erwerbsgemeinschaft hat. Also sollte das auch die Erwerbsgemeinschaft nutzen, an der diesem Staat um seiner Zukunft willen in besonderer Weise gelegen ist. Wenn die Eltern Einkommen beziehen und einen Teil dieses Einkommens gehört wegen der Unterhaltspflicht von vornherein dem Kind, dann können die Eltern über diesen Teil des Einkommens nicht verfügen, auch nicht für Zwecke der Steuerzahlung. Wir müssen es also von der Einkommensbesteuerung ausnehmen. Wir müssen die Kinderfreibeträge radikal erhöhen oder die Steuerfreibeträge durch ein steuerfreies Kindergeld ersetzen, weil von der Freistellung von der Einkommensteuer genau diejenigen Familien nicht begünstigt sind, die es am dringlichsten brauchen, nämlich die armen Familien.

Es ist dem Gesetzgeber bislang nicht gelungen, diese Elementaranliegen der Gesellschaft, nämlich zukunftsoffen zu sein in der Familie, im Steuerrecht angemessen zum Ausdruck zu bringen. Wenn wir das Unrecht der Staatsverschuldung abgebaut haben, müssen wir das Kindergeld sehr bald deutlich erhöhen, weil das die Investitionen in unsere Zukunft sind.

Bildnachweis mit Erläuterungen

Kapitel 1
Quelle: Henry Ries
Trümmerlandschaft, das zerstörte Dresden, 9. Juni 1947. Im Hintergrund Schuttbeseitigung durch Trümmerfrauen, die sich in einer Kette stehend die Steine von einem Trümmerberg zureichen. Im Vordergrund steht ein Schild, auf dem in deutscher und russischer Sprache vor dem Betreten des gesperrten Gebietes gewarnt wird.

Kapitel 2
Quelle: ullstein bild
Berliner beobachten eine amerikanische Transportmaschine (C-82), die sich im Landeanflug auf den Flughafen Tempelhof befindet, 1948.

Kapitel 3
Quelle: Bundesbildstelle, Berlin
Bundeskanzler Konrad Adenauer mit Zylinder, ca. 1950.

Kapitel 4
Quelle: Wefringhaus/ullstein bild
COL Werbeplakat: Werbung aus den fünfziger Jahren für den VW Käfer.

Kapitel 5

Quelle: J. H. Darchinger

Bundestagswahl 1969: Willy Brandt auf dem SPD-Wahlkongress in Essen, 24. August 1969.

Kapitel 6

Quelle: AP

Zum ersten Mal seit seiner Amtsübernahme besuchte Bundeskanzler Willy Brandt am 19. Januar 1970 die Bundeswehr. In der Douaumont-Kaserne in Hamburg-Jenfeld nahm er zusammen mit Verteidigungsminister Helmut Schmidt an einer Diskussion während einer Unteroffizierstagung im Rahmen der »Kritischen Bestandaufnahmen« teil.

Kapitel 7

Quelle: ullstein bild

Bruch der sozial-liberalen Koalition. Die zurückgetretenen Minister der FDP erhalten am 17. September 1982 ihre Entlassungsurkunden. Von links: Bundeskanzler Helmut Schmidt, Bundespräsident Karl Carstens und Otto Graf Lambsdorff in der Villa Hammerschmidt.

Kapitel 8

Quelle: Frank Darchinger

Helmut Kohl, CDU, leistet am 1. Oktober 1982 den Amtseid als Bundeskanzler vor dem Deutschen Bundestag, mit Bundestagspräsident Richard Stücklen, CSU.

Kapitel 9
Quelle: Specht/laif
Grenzübergang Helmstedt. Trabis fahren am 9. November 1989 über die Grenze.

Kapitel 10
Quelle: Rainer Klostermeier/vision photos
Trabi vor einem Mehrfamilienhaus in Brandenburg. Viele Wohnungen stehen leer in der Plattensiedlung, 20. April 2000.

Kapitel 11
Quelle: Tim Brakemeier/dpa
Gemeinsam lachen der Vorsitzende der nach ihm benannten Hartz-Kommission, Peter Hartz, und Bundeskanzler Gerhard Schröder nach ihrer Pressekonferenz im Bundeskanzleramt in Berlin in die Kamera, 23. Juli 2000.

Günther Lachmann

Tödliche Toleranz

Die Muslime und unsere offene Gesellschaft. 304 Seiten. Klappenbroschur

Die Deutschen und ihre muslimischen Mitbürger leben nicht miteinander, sondern nebeneinander – und immer öfter gegeneinander. Durch die Abwehrhaltung der einheimischen Bevölkerung und die mangelnde Integrationsbereitschaft der Muslime leben viele von diesen in einer Parallelwelt, geradezu in Ghettos: Dort werden oft die Werte der westlichen Gesellschaft nicht anerkannt, Werte wie Toleranz, Meinungs- und Glaubensfreiheit. Statt dessen werden Ausgrenzung, Unterdrückung der Frauen und Haß gegen »Ungläubige« und Juden gepredigt. Günther Lachmann analysiert die Situation nüchtern, ohne Rücksicht auf »political correctness« oder liebgewordene Denkgewohnheiten. Abgekoppelt vom Westen, der sie nicht akzeptiert, sind, so sein Befund nach intensiver Recherche, zunehmend mehr Muslime gerade in Deutschland offen für die Botschaft der radikalen Islamisten. Und das bedeutet eine tödliche Bedrohung – für beide Seiten.

01/1466/01/R

PIPER

Osmar White

Die Straße des Siegers

Eine Reportage aus Deutschland 1945. Aus dem Englischen von Ursel Schäfer. 304 Seiten mit Originalphotos des Autors. Klappenbroschur

Dieses Buch war für das Frühjahr 1946 gleichzeitig in den USA und Großbritannien angekündigt – und konnte dann doch nicht erscheinen. Denn der Kriegsreporter Osmar White ließ sich nicht mit dem abspeisen, was die militärische Führung ihn sehen lassen wollte, sondern war auf eigene Faust unterwegs. Er beobachtet, wie General Pattons 3. US-Armee nach Deutschland vorrückt, den letzten Widerstand mit allen Mitteln brechend. Er ist bei den Befreiern des KZ Buchenwald und beschreibt die Kapitulation der Wehrmachtsführung genauso wie Übergriffe der Sieger gegen die geschlagenen Deutschen. White beobachtet präzise und kühl – und schreibt leidenschaftlich und mitreißend. Und er zieht seine eigenen Schlüsse aus der politischen Lage 1945 …

01/1477/01/L

PIPER

Wolfgang Herles
Wir sind kein Volk

Eine Polemik. 240 Seiten. Serie Piper

»Deutschland – einig Vaterland« war immer schon eine Fiktion der Idealisten, eine Wunschvorstellung, die es in Wirklichkeit nie gegeben hat. Tatsächlich hat gerade die hart erkämpfte deutsche Einheit 1990 das Land nur noch tiefer gespalten: in Ost und West, in Arm und Reich, in Profiteure und Zahler. Die »blühenden Landschaften in Ostdeutschland« sind ferner denn je, die gesamtdeutsche Wirtschaft wird durch die falsch konzipierte Vereinigung gelähmt: Statt der versprochenen Zuwachsraten gibt es Stillstand, ja sogar Rückschritt. Das gesamtdeutsche Nationalgefühl ist ein Relikt aus der historischen Mottenkiste und nicht wieder zu beleben. Weiterhin gibt es zwei Gesellschaften, eine ost- und eine westdeutsche. Schon jetzt ist absehbar: Die »Wiedervereinigung« wird Deutschland länger belasten, als die DDR existiert hat.

01/1486/01/R

PIPER

Inci Y.

Erstickt an euren Lügen

Eine Türkin in Deutschland erzählt. 304 Seiten. Klappenbroschur

Nach außen hin sieht es aus, als würde sie ein ganz normales Leben führen, in Deutschland. Sie lebt in einer Mietwohnung in unserer Nachbarschaft. Ihre Kinder gehen mit unseren zur Schule. Aber Inci Y., 34, ist Türkin, und was ihr ganz normales Leben zu sein hat, bestimmt die Familie. Ganz normal ist die erzwungene Heirat mit dem Sohn des Geliebten der Mutter. Die Vergewaltigung durch den eigenen Mann vor der Hochzeitsnacht. Der Betrug mit dem Jungfrauentuch. Ganz normal ist, daß die Familie ihres Mannes versucht hat, sie in dem anatolischen Dorf zu töten, als sie nach der Scheidung das Sorgerecht für die Kinder durchsetzen wollte. Ganz normal ist auch, daß sie bis zu ihrem 29. Geburtstag mit keinem Mann freiwillig geschlafen hat, dafür haben ihr Männer aus dem engsten Umkreis der Familie Gewalt angetan. Ganz normal wäre, daß Inci ihren Mund hält – aus Gründen der Ehre. Aber sie redet …

01/1467/01/L

Gabor Steingart

Die stumme Prinzessin

Ein Leben in Deutschland.
208 Seiten mit 16 Farbfotos von Monika Zucht. Serie Piper

Die elfjährige Danijela, seit ihrer Geburt taubstumm, flüchtet mit den Eltern unter abenteuerlichen Umständen aus ihrer Heimat Montenegro und wächst in einer deutschen Großstadt unter unvorstellbaren Bedingungen auf. In ihrer Siedlung türmt sich der Müll, bevölkern Kakerlaken die Wohnungen, werden Menschen dem Tod überlassen – und die zuständigen Behörden verschließen die Augen. Die wahre Geschichte eines kleinen Mädchens zwischen Armut und Hoffnung, das in einem Slum mitten in Deutschland aufwächst. Aufgezeichnet von Spiegel-Journalist Gabor Steingart, Autor des Bestsellers »Deutschland. Der Abstieg eines Superstars«.

»Dieses Buch bewahrt uns vor falschem Mitleid für jene, die auch unter widrigsten Umständen ihren Stolz und ihre Hoffnung (noch) nicht verloren haben.«
Der Tagesspiegel

05/1913/01/L

Ulrich Wickert

Die Zeichen unserer Zeit

Was ist aus Freiheit, Gleichheit, Brüderlichkeit geworden? Mit einem Portrait von Heribert Klein und Ulrich Wickert. Anworten im Fragebogen des F.A.Z.-Magazins.
160 Seiten. Serie Piper

Die moderne Gesellschaft beginnt mit der Französischen Revolution. Die damals aufgestellte Forderung nach Freiheit, Gleichheit und Brüderlichkeit hat seitdem den Kampf um die demokratische Ordnung tief geprägt – nicht nur in Deutschland und bei seinen Nachbarn im Süden, Westen und Norden, sondern auch in den Ländern des ehemaligen Ostblocks, die seit 2004 zur Europäischen Union gehören. Wie steht es bei uns um die Verwirklichung dieser Forderung? Warum fällt es so schwer, ihr im Alltag immer gerecht zu werden? Ulrich Wickert schildert in diesem Buch anhand vieler Beispiele Licht und Schatten von Freiheit, Gleichheit und Brüderlichkeit und erkennt darin »die Zeichen unserer Zeit«.

05/1867/01/R